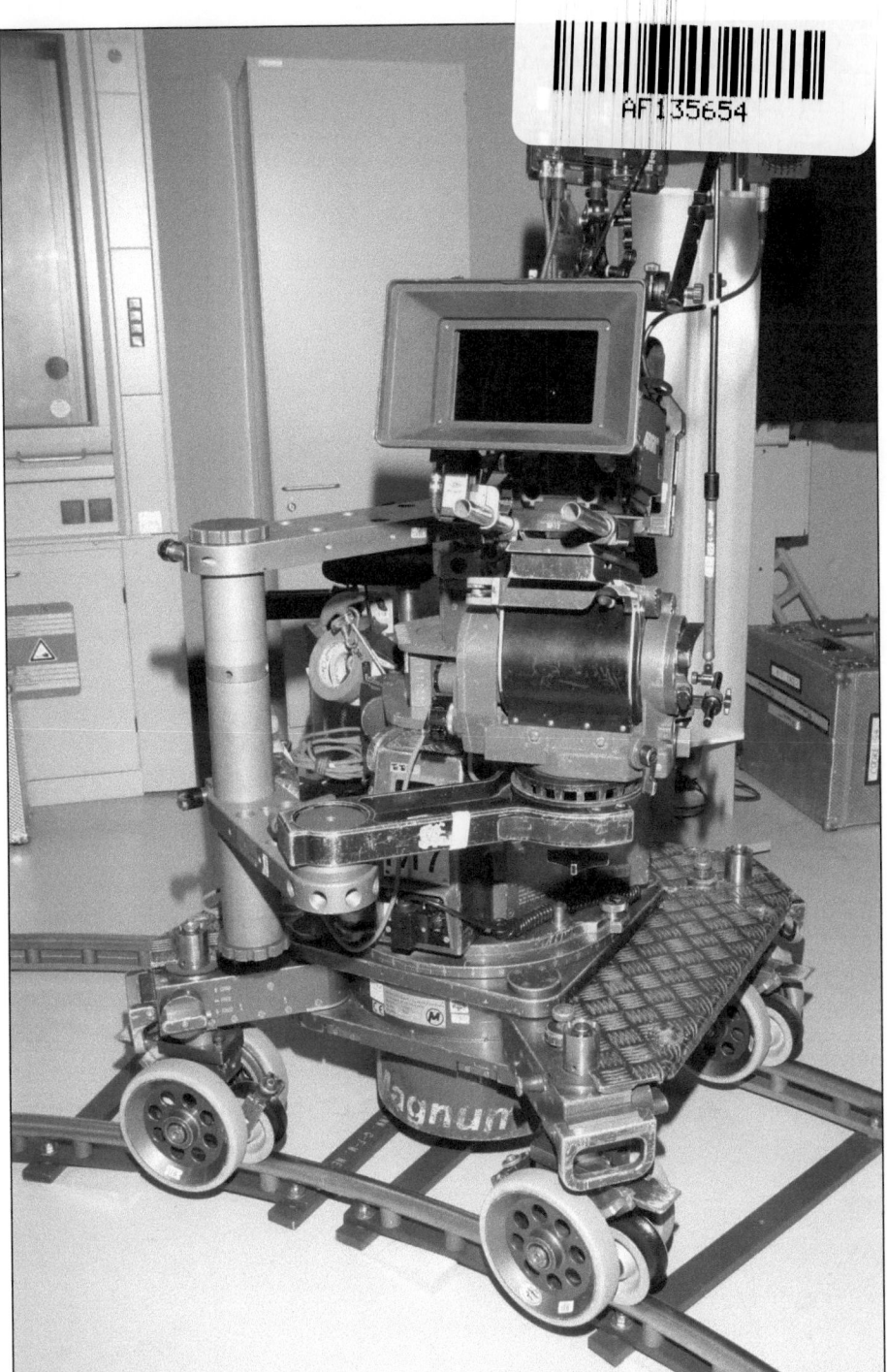

AF135654

Magnum

Bibliografische Information der Deutschen Nationalbibliothek
Die Deutsche Nationalbibliothek verzeichnet die Publikation „Komparsen-Guide – so komme ich ins Fernsehen!" in der Deutschen Nationalbibliothek; detaillierte bibliografische Daten sind im Internet über http://dnb.d-nb.de abrufbar.

Matthias Röhe

Komparsen-Guide
– so komme ich ins Fernsehen!

Faszination Film und Fernsehen: Für viele ist es ein Traum, in einer TV-Serie oder einem Kinofilm mitzumachen. Entweder wollen sie von ihrem Freundeskreis zu hören bekommen „Hey, ich habe dich gestern im Fernsehen gesehen. Cooler Auftritt" oder sie wollen einfach mal Filmluft schnuppern und bei Dreharbeiten von Serien wie „Großstadtrevier", „SoKo Wismar", „Stubbe – von Fall zu Fall", „Alarm für Cobra 11" oder beispielsweise „Der Bergdoktor" hautnah dabei sein. Als Komparse oder Kleindarsteller kann dieser Traum Wirklichkeit werden. Der „Komparsen-Guide – so komme ich ins Fernsehen" gibt Einblicke in die Komparserie und gibt hilfreiche Tipps für den Fall, dass auch Sie einmal als Komparse vor der Kamera stehen möchten.

Herstellung und Verlag: BoD, Books on Demand, Norderstedt
Gedruckt in Deutschland / Printed in Germany
ISBN-13: 978-3-7386-5715-9.

Inhalt

„Vor einer Kamera zu stehen macht Spaß. Die folgenden Seiten zeigen auf, wie auch Sie als Komparse diese Erfahrung machen können..."

Matthias Röhe

Vorwort

„Hey, ich möchte auch mal ins Fernsehen!" Ein Spruch, der in so manchen Wohnzimmern während eines Fernsehfilms oder einer Serie zu hören ist. Faszination Film und Fernsehen: Für viele ist es ein Traum, im Fernsehen mitzumachen. Entweder wollen sie von ihrem Freundeskreis zu hören bekommen „Du, ich habe dich gestern im Fernsehen gesehen. Ein wirklich toller Auftritt von dir" oder sie wollen einfach mal Filmluft schnuppern und bei Dreharbeiten von Serien wie „Notruf Hafenkante", „Rote Rosen", „Großstadtrevier", „SoKo Wismar", „Stubbe – von Fall zu Fall", „Alarm für Cobra 11" oder beispielsweise „Der Bergdoktor" hautnah dabei sein. Als Komparse oder Kleindarsteller kann dieser Traum Wirklichkeit werden.

Dieses Buch beschreibt beispielhaft in Form von Erlebnisberichten, was die Aufgabe eines Komparsen sein kann, erklärt den ersten Schritt bezüglich der Kontaktaufnahme zu einer Komparsen- oder Castingagentur und gibt Details zu den Abläufen eines Komparsenauftritts.

Bei der Kamparserie handelt es sich um eine ernstzunehmende Arbeit, die niemals unterschätzt werden sollte. Es steckt nämlich viel mehr dahinter, als nur einmal über die Straße zu laufen oder im Hintergrund so zu tun, als würde man ein Gespräch mit jemanden führen. Auch Komparsen agieren schauspielerisch und müssen auf den Punkt genau gewisse Abläufe hinbekommen. Beim Dreh sogar mehrmals ein und dasselbe mehrfach hintereinander. Denn der Zuschauer sollte später bei der Ausstrahlung keinesfalls erkennen, dass im Hintergrund Komparsen durchs Bild laufen.

Vielmehr soll der Eindruck erweckt werden, sie seien zufällig im Bild. Genau das macht professionelle Komparsentätigkeit aus. So sind zum Beispiel ein gelangweilter Blick ins Leere, eine ausdrucksarme Mimik oder eine unnatürliche Gangweise nicht angebracht.

Die Filmindustrie braucht stets Komparsen und Kleindarsteller, die auch gerne selbständig mitdenken, sich in den Inhalt der gedrehten Szene hineinversetzen und dementsprechend sich der Situation anpassen können. Ganz wichtig: sich nicht künstlich verstellen, sondern so natürlich wie es geht seine Arbeit verrichten. Ob als Kunde im Supermarkt, als Postbote, als Eisverkäufer, als Passagier auf einem Schiff, als Polizist, Spaziergänger oder als Fensterputzer. Jedes Jahr werden bundesweit Hunderte Filme, Serien und Reihen (der Unterschied wird im Inneren des Buches erklärt) produziert. Deshalb brauchen Produktionsfirmen auch laufend neue Gesichter für Filmprojekte jeglicher Art. Immer wieder tauchen Fragen nach dem „Wie werde ich Komparse?", „Was muss ich alles können, um Komparse zu werden?", „Gibt es eine Art Komparsenschule?" oder „Wie finde ich eine seriöse Agentur, die mich in ihre Kartei aufnimmt?"

Eine Frage taucht ebenfalls immer wieder auf: „Wie läuft es bei den Dreharbeiten eigentlich ab?" In dem „Komparsen-Guide – so komme ich ins Fernsehen" werden genau diese Fragen beantwortet. Sie erhalten detaillierte Informationen in Form von Erlebnisberichten über verschiedene Aufgaben eines Komparsen. Versetzen Sie sich gerne in die jeweilige Situation und fragen Sie sich gerne zwischendurch „Kann ich das auch?" – und wenn Sie diese Frage mit einem eindeutigen „Ja" beantworten können, lesen Sie sich durch die folgenden Seiten dieses Buches. Verinnerlichen Sie den einen oder anderen Hinweis, den vielleicht ausschlaggebenden Tipp und dann nichts wie hin zu einer der vielen Komparsen- und Castingagenturen. Jeder hat eine Chance: ob jung oder alt, mit roten, blonden oder schwarzen Haaren. Ob mit Voll- oder Dreitagebart, mit Tattoos oder auffälligen Schnurrbärten. Ob klein oder groß, dick oder dünn. Im Prinzip wird jeder Typ gefragt.

Der Leser dieses Buches bekommt einen umfassenden Einblick ins Filmgeschäft mit vielen praktischen, nützlichen, hilfreichen und informativen Hinweisen. Kaum eine Frage bleibt offen – die Chance, mit diesem Ratgeber ins Fernsehen zu kommen, ist relativ groß. Viel Erfolg bei der Bewerbung und hinterher viel Spaß beim Drehen...

Übrigens sind in diesem Buch selbstverständlich beide Geschlechter angesprochen. Steht an irgendeiner Stelle das Wort Komparse, so sind gleichermaßen männliche wie auch weibliche Komparsen gemeint. Der Einfachheit wegen wurde auf das ständige Ausschreiben der Wörter Komparsinnen und Komparsen verzichtet. Zudem weiß der Autor um die berechtigte Gleichbehandlung von Frauen und Männern – auch ohne hinter jedem zweiten Wort darauf hinzuweisen. Er trennt sogar die Geschlechter bei einem Salzstreuer: so gibt es in seiner Küche sowohl einen Salzstreuer als auch eine Salzstreuerin...

In diesem Buch fehlt es trotz aller ernstgemeinter Tipps und Tricks – wie Sie sehen – nicht an Humor. Viel Spaß beim Lesen...

Ein Tag als Komparse im PK 21
in der Serie „Notruf Hafenkante"

Es ist 8.15 Uhr. Im Lademannbogen in Hamburg-Hummelsbüttel versammeln sich acht Komparsen, vierzehn Crewmitglieder, sowie vier Darsteller. Gemütlich beginnt der verregnete Tag mit einem Becher Kaffee, der in einem Cateringwagen frisch zubereitet und ausgeschenkt wird. Lange halten wir Komparsen es nicht in der nassen Kälte aus und wir gehen in unseren Aufenthaltsraum im ersten Stockwerk. Bevor wir uns allerdings in die bequemen Ledersessel setzen können, müssen wir zum Kostüm. Dort ziehen sich einige Komparsen als Polizisten um. Ich trete heute als Besucher der Polizeistation auf. Für mich heißt es, dass meine Privatklamotten an bleiben. Die Mitarbeiterin aus dem Kostüm bittet mich nur, während des Drehs meine Herbstjacke offen zu haben, damit man meinen bunten Pullover zu sehen bekommt. Und ich soll meinen Rucksack über meine Schulter aufsetzen.

Eine weitere Komparsin tritt ebenfalls als Besucherin auf. Sie wird gebeten, ihren roten Pullover gegen einen weniger auffälligen Pulli zu tauschen. Bei Dreharbeiten sollten die Farben rot, weiß und gestreift vermieden werden. Dies hat kameratechnische Gründe. Aber kein Thema. Die Kollegin wechselt in Windeseile ihren Pullover. Abnahme ist erfolgt. Die Komparsen gehen in den Aufenthaltsraum und lesen Zeitung oder unterhalten sich untereinander.

Ich freue mich schon auf meinen Auftritt und bin gespannt, was ich konkret zu machen habe. Es ist 8.45 Uhr und wir werden gebeten, uns in einen anderen Aufenthaltsraum im Erdgeschoss zu begeben. Eine nette Assistentin aus dem Team führt uns herunter.

Wir gehen die Treppe hinab und nun staune ich nicht schlecht: wir gehen zunächst durch das „Elbkrankenhaus". Ich bin überrascht. Ich wusste gar nicht, dass auch das Krankenhaus in dem selben Bürogebäude im Lademannbogen nachgebaut wurde. Wahnsinn. Ich schaue neugierig in die Räume nach links und rechts. Operationssaal, Schwesternzimmer, Besucherraum – im nachgebauten Krankenhausflur stehen überall Krankenbetten herum. Es sieht täuschend echt aus. Der einzige Unterschied: Es riecht hier nicht wie in einem echten Krankenhaus. Zum Glück. – Auch die anderen Komparsen schauen sich die Kulissen an. Wir gehen in den Aufenthaltsraum und trinken Kaffee – die meisten zumindest. Ein Griff in eine Keksdose gehört ebenfalls dazu. Nach zehn Minuten kommt der Regie-Assistent zu uns an den Tisch, begrüßt uns nett und freundlich und sucht sogleich fünf von uns Komparsen für das erste Bild aus. Ich gehöre zu den ersten fünf Auserwählten. Zusammen sind es drei Polizisten und zwei Besucher. Schnell noch einen Schluck des heißen Kaffees und dann gehen wir gemeinsam in den Nebenraum, der als Polizeiwache eingerichtet ist. Wow. Es sieht in der Tat täuschend echt aus: ein großer Empfangstresen, mehrere Schreibtische, eine Kommandobrücke mit fünf Monitoren, überall hängen Plakate der Hamburger Polizei. In den zahlreichen Schränken stapeln sich Aktenordner. Wie auf einer echten Polizeiwache.

Der Regie-Assistent verteilt uns. Ein Polizist setzt sich an einen Schreibtisch am Fenster und bekommt die Aufgabe zu telefonieren. Ein anderer Polizist stellt sich vor den Dienstplan und steckt dort ein paar Zettel um. Der dritte Polizist soll noch einmal zurück in den Flur und auf ein bestimmtes Kommando in die Wache hinein kommen und sich dann ebenfalls an einen Schreibtisch setzen. Wir beiden Besucher sollen uns einfach auf die Stühle setzen und dem Geschehen in der Wache folgen. Gedreht wird eine Szene, in der ein Vogel aus dem Käfig ausbricht und kreuz und quer durchs Revier fliegt. Jörn „Wolle" Wollenberger (Harald Maack) versucht den Vogel wieder einzufangen. Genau dabei sollen wir, als Besucher der Polizeiwache, das Geschehen aufmerksam verfolgen.

Noch ein paar kleine Veränderungen mit dem Licht – schließlich werden auch Komparsen ins richtige Licht gerückt – beginnt der Dreh. Kamera läuft. Ton läuft. Die Klappe fällt, die Ansage „Und bitte!" ertönt. Es geht los. Ein extra für den Dreh eingesetzter Tiertrainer lässt den Vogel fliegen und gibt dem Tier Anweisungen. Auch wenn sie nicht viel nützen...

Inzwischen kommen Martin Berger, Franziska „Franzi" Jung und Mattes Seeler ins Büro und unterhalten sich über einen aktuellen Fall.

Jetzt sehen sie den entflohenden Vogel und beobachten „Wolle" dabei, wie er zirkusreif den Vogel zu fangen versucht. Er klettert auf einen Schreibtisch und greift nach dem Vogel, der sich auf eine Lampe gesetzt hat.

Wir Besucher der Wache schauen uns das Geschehen mit geöffnetem Mund an und tun so, als würden wir uns unterhalten. Auch der Polizistenkomparse tut nur so, als würde er telefonieren. Es muss zwar täuschend echt aussehen, aber hören darf man nichts. Denn die hochempfindlichen Mikrofone nehmen alles mit auf.

Der Regisseur unterbricht den Dreh, weil der Vogel plötzlich in eine dunkle Ecke flüchtet. Sofort eilt der Tiertrainer zum Tier und nimmt es in seine Hand, um es wieder auf Position zu bringen. Das Team, die Darsteller, die Komparsen: alle gehen sie wieder zu ihrer Anfangsposition. Ein weiteres Mal fällt die Filmklappe.

„Und bitte..!" Die gleiche Szene wird nochmal wiederholt, wieder kommen Martin Berger, Franziska „Franzi" Jung und Mattes Seeler ins Büro und unterhalten sich über einen aktuellen Fall, während sich „Wolle" um den Vogel kümmert. Diesmal scheint es alles zu klappen, wie es sich der Regisseur vorstellt. Das Team macht einen so genannten Check. Das Bildmaterial wird geprüft. Nach zwei Minuten dann der entscheidende Spruch, dass der Dreh „sauber" war. Nun teilt uns der Aufnahmeleiter mit, dass etwa zehn Minuten Umbaupause ist und wir das Set räumen müssen. Wir gehen wieder in unseren Aufenthaltsraum und unterhalten uns.

Mein erster Auftritt wäre geschafft. Es hat Spaß gemacht. Ich bin schon gespannt, was mich nun erwartet. Nach fünfzehn Minuten werden wir wieder in die „Wache" gerufen. Die Ansage des Regie-Assistenten: Wir sollen genau das machen, was wir auch gerade eben gemacht. Exakt das Gleiche. Ich setze mich wieder an den selben Platz wie vorhin. Nanu. Diesmal steht die Kamera ganz woanders. Auch die Filmcrew versammelt nun in einer anderen Ecke des Raumes. Für einen Neuling wie mich ist es ungewohnt. Aber es klärt sich schnell auf: Das Team dreht den so genannten Gegenschuss. Dieselbe Szene einfach aus einem anderen Blickwinkel. Ganz einfach. Ruhe kehrt ein, die Klappe fällt. Die Szene wird ein weiteres Mal gespielt. Wieder fliegt der Vogel kreuz und quer durch das nachgestellte Großraumbüro. Diesmal setzt er sich allerdings auf die Haarpracht einiger Teammitglieder und Komparsen. Gelächter macht sich breit. Die Szene muss unterbrochen werden. Da kommt dem Regisseur die Idee, dass doch auch so etwas gedreht werden könnte.

Schauspieler Harald Maack, der in der Serie „Notruf Hafenkante" als Wachhabender Polizeioberkommissar Jörn „Wolle" Wollenberger als festes Mitglied von Anfang an mitmacht, bekommt die Instruktion, seine Jagd nach dem Vogel auf die aktuelle Situation anzupassen. It's live. Tiere reagieren nun mal nicht auf Anweisungen von Menschen und handeln nicht exakt nach Drehbüchern. Improvisation wird groß geschrieben an diesem Tag. Harald Maack nimmt's mit großer Gelassenheit und lacht.

Wegen eines Scheinwerfers an der Wand, auf den sich der Vogel öfter verirrt hat, muss die Sitzbank auf der wir beide platziert sind, ein paar Zentimeter verrückt werden. So sind wir zwar etwas anders im Bild, aber der Vogel kann so ausgetrickst werden. Grund: Der Scheinwerfer wird mit einem Tuch abgedeckt. Der Plan geht auf. Es wird nun weiter gedreht.

Auch aus dieser Perspektive filmt das Team drei Mal, bis alles im Kasten ist. Dann steht erneut eine kurze Umbaupause bevor. Diesmal in Verlängerung mit dem Mittagessen! Eine knappe dreiviertel Stunde haben wir Zeit, das Mittagessen einzunehmen. Es gibt Fisch, Salat und frische Kartoffeln. Als Nachtisch einen Joghurt. Da noch relativ viel übrig bleibt, werden wir nochmals zum Cateringwagen gebeten – wir sollen diesmal sogar noch einen Nachschlag nehmen. Dies lasse ich mir nicht zweimal sagen und ich bestelle gleich noch einen leckeren Fischteller. Aber ich muss mich zugegebenermaßen beeilen – die Aufnahmeleitung bittet darum, uns zu beeilen, weil in wenigen Minuten die ersten Proben für ein weiteres Bild erfolgen. Kein Thema.

Schnell der letzte Happen genommen, geht es wieder in die Kulissen des Polizeikommissariates 21. Diesmal bekomme ich den Auftrag, mit einem Polizisten (ebenfalls Komparse) aus einem Nebenraum zu kommen und so zu tun, als würde ich mich mit ihm unterhalten. Dann verabschieden wir uns. Er geht an den Schrank mit den Aktenordnern und zieht sich einen solchen heraus. Währenddessen gehe ich komplett aus dem Polizeirevier heraus. Das Hauptgeschehen ist diesmal in der Mitte des Raumes. „Franzi" Jung und Mattes Seeler sitzen an ihren Arbeitsplätzen und führen einen Dialog.

Im Hintergrund laufen wir Komparsen von der einen Ecke zur anderen oder sitzen am Sprechfunk. Apropos Sprechfunk: der Komparse, der dort vorwiegend sitzt, macht Komparserie schon seit 2006. Oftmals wird er für die Serie „Notruf Hafenkante" als Polizist eingesetzt, der an der Kommandobrücke arbeitet. Meist telefoniert er, delegiert die Streifenbeamten an die Einsatzorte und überblickt die Monitore, die das Geschehen in Hamburg wiedergeben.

Für den Zuschauer zwar nur kurz zu sehen, aber dennoch elementar. Denn eine Serie ist dann erfolgreich, wenn sie authentisch ist. In einem „echten Revier" wird schließlich auch ständig gearbeitet.

Die meisten anderen Komparsen wechseln quasi bei jeder Folge. Ganz selten, dass tatsächlich immer die gleichen Komparsen auftauchen. Es sei denn, es sind so genannte Anschlussbilder, die an mehreren Tagen gedreht werden. Dann wird auch bei Komparsen darauf geachtet, dass es dieselben sind.

Ansonsten gilt: frischer Wind mit neuen Gesichtern. Frischer Wind weht just in diesem Moment. Das dritte Bild wird geprobt. Diesmal gehe ich mit einem anderen Beamten vom Vernehmungszimmer in einen großräumigen Aufenthaltsraum der Beamten. Auf ein bestimmtes Stichwort, das Rhea Harder-Vennewald in ihrem Dialog gibt, flanieren wir Zwei über den Flur von einem ins andere Zimmer.

Nun sehe ich von diesem Aufenthaltsraum aus weitere Räume. Echt witzig, wie viele Räume hier nachgebaut wurden. Beim genaueren Betrachten funktioniert zwar vieles nicht (Waschbecken ist ohne Wasseranschluss, Videokamera an der Decke des Vernehmungsraumes ist nur eine Attrappe, auch die Sprechfunkgeräte sind nicht funktionstüchtig), aber so etwas sieht der Fernsehzuschauer zum Glück nicht.

Ansonsten sind die Diensträume authentisch nachgebaut und überall hängen Plakate der Hamburger Polizei. Der Vorteil: es kann Tag und Nacht nachgestellt werden. Es sind zwar in den einzelnen Büros Fenster eingebaut, aber diese gehen in Wirklichkeit nicht nach draußen, sondern führen in die große Lagerhalle, in der letztendlich alle Räume nachgebaut wurden. Mit Scheinwerfern und Bildern an einer Sperrholzwand, werden verschiedene Tageszeiten simuliert. Je nach Tageszeit erscheinen Hamburger Motive im Hellen – oder im Dunkeln. Bei gedämpftem Scheinwerferlicht kommt eine abendliche Stimmung auf, ohne dass tatsächlich auf reale Dunkelheit gewartet werden muss. Nachdem das Material erneut gecheckt wurde, versammelt sich das Team. Der Regisseur beendet den Drehtag mit einem kräftigen Dankeschön! Ein interessanter Drehtag geht zuende. Eine spannende Erfahrung: ein Tag als Komparse bei „Notruf Hafenkante".

Am Ende des Drehtages werden uns Komparsen noch Formulare ausgehändigt, die wir komplett ausfüllen müssen. Da darf der Vor- und Zuname, Anschrift mit Telefon- und Sozialversicherungsnummer, sowie die persönliche Steuernummer nicht fehlen. Es sollte zudem auch angekreuzt werden, ob staatliche Leistungen wie ALG II oder ähnliches bezogen werden oder ob eine freiberufliche oder selbständige Tätigkeit ausgeübt wird. Zudem muss jeder Komparse versichern, dass er in dem Kalenderjahr weniger als 70 Drehtage engagiert war. Ebenfalls wichtig ist am Ende die eigenhändige Unterschrift, mit der unterschrieben wird, dass alle gemachten Angaben auch stimmen.

Das Formular wird vollständig ausgefüllt beim Komparsenbetreuer abgegeben, der wiederum noch handschriftlich die genaue Drehzeit inklusive Pause dokumentiert. Die Komparsen bekommen einen Durchschlag für die eigenen Unterlagen – fertig. Um 17.39 Uhr können alle Komparsen nach Hause und das Bürogelände am Lademannbogen in Hamburg-Hummelsbüttel verlassen.

Ausführliche Informationen und Fotos von den Darstellern der Serie „Notruf Hafenkante" finden Sie ab Seite 119.

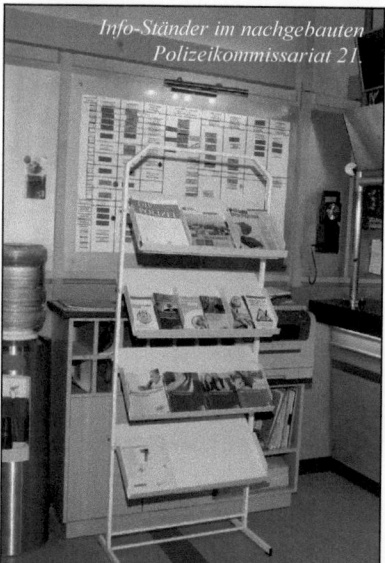

Info-Ständer im nachgebauten Polizeikommissariat 21.

Ein Bürogebäude in Hummelsbüttel ist als komplettes Polizeirevier eingerichtet (Foto links). Auf dem Foto rechts ist das Bürogebäude von außen zu erkennen.

Die Hauptdarsteller von „Notruf Hafenkante".

Als Passagier bei den „Pfefferkörnern"

Eines morgens klingelt mein Telefon. „Möchtest am kommenden Mittwoch eine Komparsenrolle bei den `Pfefferkörnern` übernehmen? Hast Du Lust und Zeit?" Ich schaue in meinen Terminkalender. Kein Eintrag. „Ja, ich habe an dem Tag Lust und Zeit. Wo genau soll der Dreh statt finden?", frage ich meine Casting-Agentur. Als Antwort bekomme ich: „Das schreib ich Dir alles in eine Mail. Die Produktion meldet sich auch noch bei dir wegen deines Outfits."
Wieder eine Buchung als Komparse – so macht es doch Spaß.
Einen Tag später bekomme ich eine Mail mit detaillierten Informationen zu dem Drehtag. So erfahre ich, dass ich einen Passagier eines Schiffs spielen soll. Kleidung: elegant. Der Drehort ist am Schiffsanleger Cruise Center in der Hamburger HafenCity. Treffpunkt: der Haupteingang um morgens 7.30 Uhr. Ferner heißt es in der Mail, dass ich einen großen Rucksack oder – falls vorhanden – einen großen Koffer mitbringen soll.
Ich antworte prompt und bestätige den Termin. Ich schreibe auch hinein, dass ich keinen Koffer besitze. Stattdessen werde ich mit einem Rucksack aufkreuzen.
An dem besagten Mittwochmorgen schlage ich überpünktlich gegen 7 Uhr am vereinbarten Drehort auf. Es stehen schon auf dem Parkplatz des Cruise Centers zwei große Gerätewagen, ein Lichtwagen von Studio Hamburg, sowie Masken- und Aufenthaltsmobile. Techniker sind gerade dabei, Stative für die Beleuchtung aus den LKW zu tragen. Für einen Außenstehenden erweckt es meist den Eindruck, als sei ein Ameisenhaufen dabei, Dinge von links nach rechts und von rechts nach links zu transportieren. Denn während drei Männer Stative in ihren Händen halten, laufen Aufnahmeleiter, Blocker, Ausstatter, Maskenbilder, Regisseur, Kameramann und deren Assistenten am Set entlang. Jeder macht seinen Job. Der Ausstatter baut die Requisiten auf, die Maske kümmert sich um die Darsteller und Komparsen, während Kameramann und -assistent überlegen, wie und wo sie am besten die Kamera aufbauen können. Zudem wird sich über das Licht unterhalten.
Noch ehe ich dem Treiben weiter folgen kann, werde ich von einer jungen Dame angesprochen. „Gehörst du heute zu den Komparsen?, fragt mich das Mädel. Und ich antworte mit den Worten: „Ja genau. Ich soll heute einen Schiffspassagieren spielen. Ich bin zwar eine halbe Stunde zu früh da. Aber besser zu früh als zu spät", erwidere ich. Sie fängt an zu

lachen und stellt sich erst einmal vor. „Ich bin Christina und heute für die Komparsen zuständig", sagt sie, während sie mir die Hand schüttelt. Dann bittet sie mich, dass ich zu einem großen Aufenthaltsbus gehen kann. Dort sitzen schon die ersten Komparsen und ich kann mich gerne dazu gesellen. Außerdem gibt es dort etwas zu Trinken, wenn ich möchte. Ich nehme das Angebot gerne an und gehe zu dem historischen Bus (hat schon einige Jahre auf Buckel). Zwischendurch schaue ich aus dem Fenster und beobachte den Aufbau des Sets. Ich bin schon von Kindesbeinen an film- und fernsehbegeistert und interessiere mich für die Dreharbeiten. Daher schaue ich mir genau an, wer was macht. Allein der Aufbau der Kameraschienen dauert fast eine Viertelstunde. Mit einer Wasserwaage sind die Mitarbeiter zugange. Der Kameramann legt in Absprache mit dem Regisseur den Weg fast bis auf den Zentimeter genau fest. Seine Assistenten verlegen die Schienen, die mit Holz-Keilen fixiert und ausgerichtet werden.

Es bildet sich eine kleine Menschentraube. Ich vermute, dass es ein erstes Gespräch zwischen Regie, Regie-Assistenz, Kameramann, Mitarbeiter des Tons und des Lichtes ist. Das Drehbuch ist aufgeschlagen, jeder von

In solchen Gerätewagen befindet sich quasi die gesamte Technik. Scheinwerfer, Stative, Kamera, Kameraschienen, Dolly, Dimmer und Kabel, sowie Kamerakran, Sperrhüte,...

Ein typisches Set: eine bewegbare Kamera auf Schienen, dahinter ein Scheinwerfer sowie weiteres Material fürs Licht und jede Menge Crewmitglieder. Bevor es so eingerichtet ist, wie auf dem Foto, kann es schon mal eine halbe Stunde dauern.

Voll ausgestatteter Lichtwagen (Stromgeneratorwagen).

ihnen hat eine Art Ablaufplan oder zumindest einen Auszug aus dem Drehbuch in der Hand. Währenddessen werden wenige Meter weiter von unserem Bus entfernt erste Requisiten aufgestellt. Koffer werden drapiert, Schilder aufgehängt. Damit der „echte" Bereich im Terminal während des Drehs nicht unnötig eingeschränkt wird, baut das Filmteam einen separaten Eingangsbereich auf. Dazu muss ein Abfertigungslaufband verschoben und kameragerecht in Position gebracht werden.

Beim Cruise Center in der HafenCity handelt es sich um einen Abfertigungsterminal, bei dem Passagiere für Kreuzfahrtschiffe abgefertigt werden. Das Terminal 1 wurde 2004 in Betrieb genommen, zwei Jahre später folgte der Bau eines zusätzlichen Terminals 2. Wie die Containerfassade ist auch der Innenbereich modular aufgebaut: Flexible Trennwände ermöglichen eine individuelle Anpassung der Räumlichkeiten an die unterschiedlichen Rahmenbedingungen jeder einzelnen Schiffsabfertigung. Genau das nutzt das Filmteam auch aus: die Crew baut noch schnell einige Trennwände auf, damit nicht allzu viel vom „echten Betrieb" zu sehen ist.

Unterdessen trudeln immer mehr Komparsen ein, nehmen (genauso wie ich) in dem Aufenthaltsbus Platz. Einige kenne ich von vorherigen Drehs, wenn auch nicht mit Namen. Nun kommt eine Komparsenbetreuerin in den Bus gestiegen und begrüßt uns mit den Worten: „Guten Morgen allerseits. Ich bin heute für euch zuständig, wenn ihr Fragen, Sorgen oder Probleme haben solltet, wendet euch bitte direkt an mich." Leises Gelächter ist zu hören. Dann wird uns der ungefähre Ablauf des heutigen Tages erläutert. So erklärt sie, dass wir nicht alle zusammen gleich in der ersten Szene gebraucht werden. Zunächst werden sechs oder sieben von uns ausgewählt. Die übrigen Komparsen können sich bis zu ihrem Einsatz entweder im Bus oder sonst in einem separaten Bereich an der Kaimauer aufhalten.

Geraucht werden dürfe weder im Bus noch direkt am Set, teilt unsere Komparsenbetreuerin noch mit, bevor sie wieder den Aufenthaltsbus verlässt und zum Regieassistenten eilt. Nun betritt eine weitere Frau den Bus und stellt sich als Mitarbeiterin aus dem Bereich Kostüm vor. Sie bittet zunächst darum, dass wir mit unseren Klamotten eine Art „Outfit-Check" machen. Dazu sollen wir alles zeigen, was wir an Klamotten an oder sonst in einem Rucksack oder einer Tasche mitgebracht haben. Sie legt für den Drehtag quasi fest, was genau wir zu tragen haben. So achtet sie darauf, dass nicht alle Männer beispielsweise ein blaues Hemd tragen.

Nicht alle Männer sollten dazu eine schwarze Jeans anhaben – nein. Crewmitglieder des Kostüms achten darauf, dass möglichst viele verschiedene Stile zur Auswahl stehen.

In genau dieser Folge bei den „Pfefferkörnern" geht es darum, dass im Terminalbereich Passagiere abgefertigt werden, die danach aussehen, als würden sie eine große Schiffsreise antreten. Was trägt der gewöhnliche Passagier? Ein Sacko/Jacket oder ein edles Hemd. Je nachdem, um was für ein Kreuzfahrtschiff es sich handelt, tragen Passagiere auch einen Anzug. Dazu hat der Passagier jede Menge Gepäck dabei: einen großen Rucksack, eine typische Reisetasche oder -koffer. Der ein oder andere führt seinen Hund an der Leine, während andere Passagiere allein an der Abfertigung stehen. So steht es im Drehbuch.

Jetzt also geht es um die Kleidung. Nacheinander steigen wir aus dem Aufenthaltsbus und präsentieren unsere Kleidung. Passen die Schuhe zur Hose, passt das Hemd? Als ich den Bus verlasse und mich dem Kostüm vorstelle, bittet sie mich, ihr meine weitere mitgebrachte Kleidung zu zeigen. Ich hole ein hellrotes Hemd aus meinem Rucksack. „Sehr gut, das nehmen wir", sagt sie mir. Damit ist meine Kleidung „abgenommen". Schnell zieh ich mein bisheriges braunes Hemd aus und wechsele zu dem hellroten Hemd – wie gewünscht. Innerlich freue ich mich, dass ich den Geschmack der Filmcrew offensichtlich getroffen habe.

Es gibt aber auch generelle No-Go`s: so sind kleinkarierte, gestreifte oder feingemusterte Kleidungsstücke nicht gern gesehen. Grund: solche Kleidungsstücke erzeugen durch die Kamera ein Flimmern, den sogenannten Moirée-Effekt. Außerdem sollte grundsätzlich keine dominante Farben ausgewählt werden, da diese nicht nur vom Komparsen selbst ablenken, sondern beispielsweise auch auf weniger intensive Farben „abfärben".

Ein roter Schal kann zum Beispiel eine hellere Bluse oder gar die Gesichtshaut durch die Kamera leicht rosa wirken lassen. Daher heißt es bei jedem Komparsen- oder Kleindarsteller-Einsatz: vermeiden Sie solche Kleidungsstücke. Ebenfalls vermieden werden sollten schwarze oder weiße Kleidung – zumindest großflächig. Es sei denn, es wird eine Beerdigungsszene gedreht, bei der schwarz üblich ist. Die Helligkeitssensoren einer Filmkamera reagieren extrem auf diese beiden Farben und passen die Gesamtbelichtung dementsprechend an. Der Rest des Bildes erscheint bei einem strahlend weißen Oberteil zu dunkel und ein schwarzes Hemd samt schwarzer Hose bewirkt oft eine Verhärtung der optischen Kanten und somit des Gesamtbildes. Diese Effekte sind unerwünscht, daher sollten solche Kleidungsstücke vermieden werden. Aber auch manche andere Farben passen eventuell an dem entsprechenden Drehtag nichts ins Konzept, deshalb sollte immer eine Wechselkleidung mitgebracht werden.

Ich steige erneut in den Aufenthaltsbus, nehme mir einen Becher Kaffee und setze mich in die hintere Reihe. Dort komme ich mit Stefan ins Gespräch. Stefan arbeitet seit 30 Jahren als Komparse und erzählt mir einiges von seinen Erlebnissen und Erfahrungen. Im Gegensatz zur mir reist er bundesweit kreuz und quer für Tätigkeiten als Komparse. Ob München, Berlin, Köln oder Hannover – in all diesen Städten stand er schon vor der Kamera. „Meine Frau ist vor einigen Jahren gestorben. Ich bin froh, dass ich eine sinnvolle Beschäftigung habe und raus komme", sagt er. Gemeinsam essen wir bereit gestellte Kekse und halbe belegte Brötchen und trinken während unserer Unterhaltung jeweils einen Kaffee. Andere Komparsen sitzen im Bus und lesen ein Buch, eine Zeitung oder ein Magazin. Ein junger Mann schaut auf sein Smartphone. „Denkst du bitte daran, es nachher bei deinem Dreh komplett auszuschalten?", sagt ein Team-Mitglied, das auf das Smartphone aufmerksam wird. Am Set herrscht absolutes Handy-Verbot. Deshalb schon mal im Vorwege der Appell, das Handy später auch wirklich auszuschalten.

Bei dieser Gelegenheit schaue ich auch auf mein eigenes Handy und stelle fest, dass es ebenfalls noch an ist. Sofort drücke ich den Aus-Knopf und verstaue das mobile Telefon in meinem Rucksack. Sicher ist sicher und was ich jetzt getan habe, brauche ich dann nachher nicht zu tun.

Nun betritt eine Maskenbilderin unseren Bus und bittet zunächst alle weiblichen Komparsen mitzukommen. In einem separaten Maskenmobil, welches nur wenige Schritte vom Bus entfernt parkt, sollen sie geschminkt werden. Fünf Komparsinnen folgen der Maskenbildnerin und verschwinden in einer Art Wohnmobil. Teilweise bekommen sie ein neues Make-Up aufgesetzt oder teils auch eine neue Frisur.

Wenig später geht es auch für die ersten Männer ins Maskenmobil. Nacheinander werden sie von mehreren Maskenbildnerinnen begutachtet. Jeder bekommt zunächst gepresstes Puder (eignet sich gut, weil es auch auf ungeschminkter Haut haftet) und darüber leichtes Make-Up ins Gesicht; da an diesem Tag überwiegend mit Tageslicht gearbeitet wird, liegt der Farbton beim Make-up mit dem Hautton dicht beieinander. Zudem werden die Gesichtszüge mit sogenannten Höhen und Tiefen sowie die Konturen des Gesichtes durch betonende Akzente hervorgehoben.

Bei dem einen mehr, bei dem anderen weniger. Wie bei den Frauen, so bei den Herren. So – nun sind wir vom Kostüm „abgenommen" und von der Maske gepudert und geschminkt worden. Wir setzen uns wieder in den Aufenthaltsbus.

Nach zehn Minuten kommen ein Set-Aufnahmeleiter und der Regie-Assistent in den Bus gestiegen und begrüßen uns. Dann wählen beide eine Hand voll Komparsen für die erste Einstellung aus. Ich bin dabei.

Gefolgt von vier weiteren Komparsen steige ich aus dem Bus und folge den beiden Crew-Mitgliedern, die schnellen Schrittes in Richtung Terminal 1 ins Gebäude laufen. Dort versammeln wir uns erneut, bekommen erste Instruktionen. So sollen zwei von uns zu einem Info-Point gehen und sich vor dem Tresen samt Gepäck positionieren. Die anderen stehen an einem Abfertigungsschalter, ebenfalls mit Gepäck. Dort steht bereits ein Zollbeamter, der normalerweise auch als Komparse agiert, wie ich im Laufe des Gesprächs herausbekomme. Warum er nicht mit uns im Bus saß? Er hat diesmal eine kleine Sprechrolle ergattert, musste bereits um halb sieben am Set sein. Darum sitzt er also nicht mit uns im Bus: er agiert diesmal als Kleindarsteller.

Wir Komparsen sowie der Kleindarsteller mit Sprechrolle stehen jetzt am Startpunkt (also dem Punkt, von dem an die zu drehende Handlung durchgeführt wird). Unterdessen tauchen die vier Hauptdarsteller auf: es sind vier Kinder, die nun, in den Sommerferien im Bundesland Hamburg, fast täglich vor der Kamera stehen. Die vier Kinder sind die „Pfefferkörner", eine Art Detektivclub aus Hamburgs Speicherstadt.

Diesmal führt sie der Fall in die benachbarte HafenCity. Was genau jetzt gleich gedreht wird, weiß ich nicht. Ich bekomme allerdings die Anweisung, dass ich auf „Und bitte" meinen Rucksack auf das Fließband legen und dann alle meine Dinge wie Schlüsselbund, Geldbörse und eine Packung Zigaretten in eine graue Box legen soll. Dann gehe ich durch die Sicherheitsschleuse und nehme wieder meinen Rucksack und die anderen Gegenstände im Empfang. Dann sollte die Szene abgedreht sein, erklärt mir der Regie-Assistent.

Mir gegenüber steht ein Crew-Mitglied mit einer Tonangel, dahinter ist eine Art Tonmischpult in Form eines Baukastensystems aufgestellt. Auch dort sitzt ein Crew-Mitglied – offenbar zuständig für den Ton. Auf der anderen Seite steht der Regisseur mit einem mobilen Monitor in der Hand. Die Vorbereitungen laufen auf Hochtouren: der Kameramann schwenkt seine Kamera probeweise von links nach rechts und bewegt sich insgesamt mehrfach nach vorn und hinten. Unterstützt wird er dabei von einem Kamera-Assistenten, der den Dolly (Transportwagen, mit dem sich ruckfreie „weiche" Kamerafahrten selbst auf unebenen Untergründen realisieren lassen) manuell nach vorn und hinten schiebt. Unterdessen setzen die Beleuchter das Licht. Die Darsteller bekommen auf ihren Startpositionen bunte Tapes auf den Boden geklebt, damit sie ihre Startposition bei einem weiteren Dreh sofort wieder finden. Bei einem Tape handelt es sich um einen farbigen Klebestreifen. Jeder der vier Kinderdarsteller weiß dann genau, an welche Stelle er wieder zurück muss, wenn es heißt: „Wir drehen noch einmal."

Mittlerweile sind zwölf Personen allein von der Produktion am Set versammelt: Kameramann, Kamera-Assistent, Toningenieur und sein Assistent, Regisseur, Regie-Assistent, zwei Maskenbildnerinnen, ein Requisiteur, ein Aufnahmeleiter, sowie zwei weitere Crew-Mitglieder (helfende Hände). Sie alle haben im Prinzip unsere Blickrichtung. Obwohl es mich reizt, einen Blick in Richtung Kamera zu werfen und zu schauen, wie sich die jungen Darsteller gerade auf den Dreh vorbereiten, konzentriere ich mich auf meine Arbeit. Ich gehe schon einmal „trocken" meinen Ablauf durch. Ich greife nach dem Rucksack und tu so, als würde ich ihn auf das Laufband heben. Die anderen Komparsen machen es ebenfalls. Selbst der Zoll-Beamte spricht noch einmal seinen Text, obwohl er ihn in dieser Szene noch gar nicht zu sagen hat, leise vor sich hin. Auch das ein oder andere „Pfefferkorn" bereitet sich auf den Dreh vor. Ein Mädchen springt auf und ab, lockert sich auf. Andere machen Mundbewegungen und sprechen vor sich ihn. Immer wieder blicken sie auf einen Zettel, auf dem offensichtlich der Text steht.

Der Regie-Assistent kommt noch einmal in meine Richtung und bittet den Zoll-Beamten, einen Schritt weiter nach hinten zu gehen. Man würde ihn sonst nicht sehen, erklärt er. Gesagt, getan. Wir anderen bleiben an derselben Position stehen und warten darauf, dass es los geht.

„So, wir können nun mit einer Probe beginnen. Bitte alles auf Anfang", sagt der Regisseur mit lauter, kräftiger Stimme. Die gesamte zu drehende Szene wird einmal im Durchlauf geprobt. „Und bitte", ruft der Regisseur. Ab diesem Moment beginnen die vier „Pfefferkörner" in den Terminal zu laufen, sich umzuschauen. Wir Passagiere tun so, als würden wir gerade einchecken wollen. Wie zuvor besprochen, lege ich meinen Koffer aufs Fließband, während eine andere Komparsin ihre dünne Jacke auszieht. Sie ist jetzt in der Sicherheitsschleuse und tut so, als würde sie von einer Metalldetektor-Handsonde eines Sicherheitsdienstmitarbeiters und von einer Röntgenanlage kontrolliert werden. Auch der Beamte erweist sich als sehr kompetent: mit einem Gepäckdurchleuchtungsgeräte für die Gepäckkontrolle geht er alle Rucksäcke, Taschen und Koffer durch. Andere Komparsen stehen wenige Meter entfernt. Sie warten darauf, ebenfalls an dieser Sicherheitsschleuse abgefertigt zu werden.

Unterdessen führen die „Pfefferkörner" ihren Dialog untereinander – „Danke, Aus!", ruft der Regisseur und ergänzt: „Genauso machen wir es. Bitte alles auf Anfang." Der Regisseur stimmt sich mit dem Kameramann ab und fragt auch ihn, ob das alles in Ordnung ist. Er nickt.

Nur der Toningenieur tritt mit einer kleinen Bitte an den Regisseur heran: es wäre besser, wenn eine bestimmte Tür während des Drehs geschlossen bliebe. Denn es kämen Außengeräusche hinzu, die nicht Not tun. Sofort geht ein Crew-Mitglied nach draußen, klopft an einer Tür eines Wohnmobils und zieht einen Mitarbeiter hinzu. Dieser soll während des unmittelbar bevorstehenden Drehs darauf achten, dass die Tür verschlossen bleibt. Dann geht es wieder von vorn los. „Alles auf Anfang bitte", ruft der Regisseur erneut.

Wieder stehe ich in Startposition am Kontrollpunkt mit meinem Gepäck und warte auf meinen Einsatz. Ein letzter Blick in Richtung des Regisseurs und den anderen Mitarbeitern, dann konzentriere ich mich auf meine Tätigkeit. „Ruhe bitte, wir wollen drehen", ruft der Regisseur. „Ton?" „Ton läuft!", „Kamera?" „Kamera läuft!". „Und bitte!"

In dem Moment beginnen die jungen Darsteller wieder ins Gebäude zu laufen, sich umzuschauen. Ich fange wieder damit an, meinen Rucksack aufs Laufband zu stellen und dann sämtliche Gegenstände in meiner Hosentasche herauszukramen und dann in das graue Fach zu legen. Danach gehe ich wieder durch die Sicherheitsschleuse und tue so, als würde ich von einer Metalldetektor-Handsonde eines Sicherheitsdienstmitarbeiters und von einer Röntgenanlage kontrolliert werden. Am Ende des Laufbandes wartet dann mein Rucksack auf mich, den ich gerade greifen möchte, als es dann wieder heißt: „Danke, Aus."

Nach diesem Satz beginnen das Team, die Darsteller und wir Komparsen wieder, uns leise zu unterhalten und dabei wieder in die Ausgangsposition zu gehen. Denn nach dem ersten Dreh können auch gerne mal zwei oder drei weitere Drehs folgen. Der Regisseur schaut sich das eben gedrehte Material auf seinem kleinen Monitor an. Kameramann und Regie-Assistent stehen um ihn herum. Auch der Ton-Mann hört das Band noch

noch einmal ab. Von seiner Seite her gibt es grünes Licht. Aber dem Regisseur gefällt es nicht, dass zwei der vier „Pfefferkörner" so dicht an einem Tresen entlang laufen. Besser wäre es, wenn sie einen halben Meter um diesen herum gingen, dann sähe es später besser aus. Vor allem solle sich die eine Jungdarstellerin etwas weiter zur Kamera drehen und den Abstand zu den anderen „Pfefferkörnern" etwas vergrößern.

Alle Beteiligten einigen sich darauf, dass die Szene noch einmal gedreht wird. „Bitte wieder alles auf Anfang", ruft der Regisseur.

Auf meiner Startposition am Kontrollpunkt warte ich auf meinen Einsatz. Wieder werfe ich einen kurzen Blick in Richtung des Regisseurs und den anderen Mitarbeitern, dann konzentriere ich mich auf meine Tätigkeit. „Ruhe bitte, wir wollen drehen", ruft der Regisseur. „Ton?" „Ton läuft!", „Kamera?" „Kamera läuft!". „Uuuuund bitte!"

In dem Moment beginnen wieder die jungen Darsteller damit, ins Gebäude zu laufen und sich umzuschauen. Sie schauen nach links, nach rechts und reden miteinander. Allerdings kann ich von meiner Position aus kaum etwas verstehen. Zudem fange ich ein weiteres Mal damit an, meinen Rucksack aufs Laufband zu stellen und dann sämtliche Gegenstände in meiner Hosentasche herauszukramen und schließlich in das graue Fach zu legen. Danach gehe ich wieder durch die Sicherheitsschleuse und tue so, als würde ich von einer Metalldetektor-Handsonde eines Sicherheitsdienstmitarbeiters und von einer Röntgenanlage kontrolliert werden. Am Ende des Laufbandes wartet dann mein Rucksack auf mich, den ich auch diesmal gerade greifen möchte, als es dann wieder heißt: „Danke, Aus."

Nach diesem Satz beginnen das Team, die Darsteller und wir Komparsen wieder, uns leise zu unterhalten und dabei wieder in die Ausgangsposition zu gehen. Denn auch nach dem weiten Dreh können auch gerne mal drei oder vier weitere Drehs genau dieser Szene folgen. Der Regisseur schaut sich das eben gedrehte Material auf seinem kleinen Monitor an. Kameramann und Regie-Assistent stehen erneut um ihn herum. Dieses Mal ist der Regisseur zufrieden. Und auch aus den Reihen des Tons gibt es den erhobenen Daumen.

Es folgen zehn Minuten Umbaupause, laut Ansage. Das heißt für uns, wir dürfen – beziehungsweise wir sollen das Set umgehend verlassen. Die Crew baut nun die Scheinwerfer, Kamera und Ton- sowie weiteres Filmequipment um. So werden die Schienen und Stative an anderer Stelle aufgebaut, damit die Szene aus einem anderen Blickwinkel ein weiteres Mal gefilmt werden kann. Zusammen mit den anderen vier Komparsen verlasse ich den Terminal und gehe wieder zum Aufenthaltsbus. Auch die jungen Kinder-Darsteller verlassen das Set und gehen zu einem Maskenmobil, in dem sie noch einmal „nachgeschminkt" werden.

Unterdessen wird das Set tatsächlich wieder drehfertig gemacht – und zwar diesmal in entgegengesetzter Richtung. Wie uns die Regie-Assistenz sagt, sind wir aber auch beim nächsten Dreh wieder im Bild. Wenn auch nicht komplett, wie in der Einstellung vorhin. Etwa 15 Minuten später, ich habe noch die Hälfte eines halben belegten Brötchen in der Hand, heißt es dann auch schon wieder: „Bitte alles fertig machen, wir beginnen gleich wieder mit dem Drehen."

Warum die Umbauphase etwa eine Viertelstunde dauerte, ist leicht erklärt: die Schienen, auf der die Kamera mit ihrem schweren Dolly fährt, muss wieder zeit intensiv mit Holzstücken und Wasserwaage aufgestellt werden. Genau das braucht seine Zeit.

Aber insgesamt vergehen die 15 Minuten relativ schnell, wenn man sich ein Buch, eine Zeitung oder sonstiges Lesematerial mitbringt. Oder sich mit den anderen Komparsen unterhält. Schnell das Brötchen runtergeschluckt, dann bin ich fertig. Zusammen mit den anderen Komparsen verlasse ich den Bus und gehe wieder ins Terminal, der Abfertigung für Schiffspassagiere. Dort gehe ich wieder auf meinen Platz.

Auf meiner Startposition am Kontrollpunkt warte ich ein weiteres Mal auf meinen Einsatz. Wieder werfe ich einen kurzen Blick in Richtung des Regisseurs und den anderen Mitarbeitern, dann konzentriere ich mich auf meine Tätigkeit.

„Ruhe bitte, wir wollen drehen", ruft der Regisseur. „Ton?" „Ton läuft!", „Kamera?" „Kamera läuft!". „Uuuuuuund bitte!"

In dem Moment beginnen wieder die jungen Darsteller damit, ins Gebäude zu laufen und sich umzuschauen. Sie schauen nach links, nach rechts und reden miteinander. Allerdings kann ich von meiner Position aus kaum etwas verstehen. Zudem fange ich ein weiteres Mal damit an, meinen Rucksack aufs Laufband zu stellen und dann sämtliche Gegenstände in meiner Hosentasche herauszukramen und schließlich in das graue Fach zu legen. Danach gehe ich wieder durch die Sicherheitsschleuse und tue so, als würde ich von einer Metalldetektor-Handsonde eines Sicherheitsdienstmitarbeiters und von einer Röntgenanlage kontrolliert werden. Am Ende des Laufbandes wartet dann mein Rucksack auf mich, den ich auch diesmal gerade greifen möchte, als es dann wieder heißt: „Danke, Aus."

Nach diesem Satz beginnen das Team, die Darsteller und wir Komparsen wieder, uns leise zu unterhalten und dabei wieder in die Ausgangsposition zu gehen. Erneut gespannte Ruhe, die Szene muss ein weiteres Mal gedreht werden. Ein Wort war zu undeutlich, außerdem wirft die Ton-Angel an einem Pfahl einen Schatten, der auf der Aufnahme zu sehen ist. Die Szene wird insgesamt noch zwei weitere Mal gedreht, erst dann heißt es eine gute Stunde später: Mittagspause.

Unsere Komparsenbetreuung kommt zu uns und sagt, dass wir ebenfalls gleich Mittag machen können. Allerdings bittet sie darum, dass zunächst das Team an den Catering-Wagen geht, danach können wir dann dazu stoßen. Wir nicken zustimmend mit dem Kopf, gehen zunächst wieder in den Aufenthaltsbus. Leider ist das Catering immer wieder Anlass für Ärger bei Komparsen. Dazu sollte allerdings bekannt sein, dass eine Trennung zwischen Team-Catering, das für die Komparsen tabu ist und Komparsen-Catering, bei Dreharbeiten seit eh und je gehandhabt wird. Es ist üblich, dass zuerst die Filmcrew zum Essen geht, und danach erst die Komparsen. Wie aber Komparsenbetreuer immer wieder betonen, hat es nichts damit zu tun, dass Komparsen zweitrangig behandelt werden. Es liege schlicht und einfach daran, dass das Team zuerst isst und dann bereits wieder mit dem Auf- oder Umbau beginnen kann, während die Komparsen essen.

Auch dafür, dass es meist unterschiedliche Gerichte gibt, gibt es eine plausible Begründung: Das Team ist oftmals seit mehreren Tagen mit langen Arbeitszeiten unterwegs und ist von morgens bis abends am Set. Meist sind die Teammitglieder in Hotels untergebracht, sehen ihre Familie selten. Da ist vernünftiges Essen unabdingbar. Bei den Komparsen sieht es in der Regel so aus, dass sie zwar an dem einen Tag ebenfalls von morgens bis abends am Set sind, sich aber – bei Bedarf – leichter selbst versorgen können. Zumal sind sie meist nicht mehrere Tage hintereinander gebucht, sondern gehen in der Regel an Folgetagen wieder ihrem geregelten Leben nach. Wie dem auch sei: es ist so, wie es ist. Erst geht das Team zum Essen, danach folgen die Komparsen.

Also warten wir einige Zeit darauf, dass Schauspieler und Filmcrew ihre Teller aufgefüllt haben und sich an den bereit gestellten Tischen gesetzt haben. Dann bekommen auch wir das Go und stellen uns beim Cateringwagen an. Es ist für jeden etwas dabei: es werden vegane wie auch Fleischgerichte angeboten. Ich entscheide mich für einen leckeren Teller mit Nudeln und Tomatensauce. Gemeinsam mit einem weiteren Komparsen setze ich mich direkt an die Kaimauer, die nur wenige Meter von

von den Fahrzeugen entfernt ist. Dort essen und trinken wir gemeinsam, während auf der Elbe mehrere Schiffe an uns vorbei fahren. Die Mittagspause dauert in etwa eine halbe Stunde. Die reicht übrigens auch dazu aus, einen ordentlichen Nachschlag an Nudeln zu holen.

Nach der Mittagspause geht es für die Komparsen weiter, die heute noch gar nicht im Bild waren. Sprich: die noch nicht eingesetzt wurden. Die Komparsenbeutreuerin bittet diese, sich vorne am Eingang zu positionieren. Jetzt werde eine Außenszene gedreht, bei der die „Pfefferkörner" durch den Eingang ins Innere der Abfertigungshalle kommen und sich nach Verdächtigen umschauen. Dabei sollen links und rechts vom Eingang Passanten stehen, die ebenfalls in diesem Moment den Terminal betreten möchten. Es werden zwei Frauen und zwei Männer ausgesucht, die für diese Szene als Komparsen agieren. Zur mir sagt die Komparsenbetreuung: „Dich hatten wir ja eben schon im Bild. Ich muss mal sehen, ob wir dich heute überhaupt noch brauchen. Ich kläre das gleich ab." Sie geht auch zu den anderen Komparsen, die eben bereits mitgemacht haben und klärt sie ebenfalls auf. Unterdessen bekommen die vier Komparsen vor dem Eingang erste Instruktionen. Der Regisseur spricht mit der Assistenz, ob es besser wäre, jeweils links und rechts einen Mann und eine Frau oder auf beiden Seiten jeweils zwei Männer oder Frauen stehen zu haben. Die Komparsenbetreuerin stößt hinzu, wird zu ihrer Meinung gefragt. Schnell steht fest, dass sie jeweils als Urlaubs-Pärchen durch den Eingang gehen sollen.

In dem Zusammenhang wird darüber entschieden, ob die vorherigen Komparsen noch einmal eingesetzt werden oder nicht. Gemeinsam werfen Regisseur, Regie-Assistent, Komparsenbetreuerin und ein weiterer Verantwortlicher einen Blick ins Drehbuch. Dann die schlussendliche Entscheidung des Regisseurs: „Wir brauchen nur die vier Komparsen hier vor dem Eingang. Alles andere spielt nachher ohne weitere Passanten."

Unsere Komparsenbetreuerin teilt uns mit, dass wir jetzt Drehschluss haben und holt wenig später die Komparsenbögen aus einem Fahrzeug. Wieder fülle ich das Formular mit Vor- und Zunamen, Anschrift mit Telefon- und Sozialversicherungsnummer, sowie die persönliche Steuernummer und allen weiteren Informationen komplett aus. Ich lese noch einmal alles genau durch und überprüfe die Richtigkeit der gemachten Angaben, bevor ich den Zettel unterschreibe und bei der Komparsenbetreuung abgebe. Sie notiert noch eben das Datum und die genaue Uhrzeit, unterschreibt ebenfalls den Bogen und gibt mir einen Durchschlag für meine

Unterlagen in die Hand. Danach gehe ich wieder zum Aufenthaltsbus, in dem noch unter anderem mein Rucksack auf mich wartet. Dort wechsele ich zudem wieder das Hemd – das braune Hemd passt viel besser zu meiner Jeans, wie ich finde. Nun gehe ich noch einmal zum Maskenmobil und schminke mich ab. Tipp: Wenn es schnell gehen soll, dann liegen in so einem Maskenmobil meistens Feuchttücher für Babys, die wunderbar fürs Abschminken genutzt werden können. Wichtig ist, dass die Maske komplett wieder runter geholt wird von der Haut. Meist gehört Abschminkmilch oder Seife dazu, danach aber auf jeden Fall Gesichtswasser (zur Neutralisation, um auf der Haut wieder den richtigen PH-Wert herzustellen). Aber in so einem Maskenmobil stehen ja immer kompetente Maskenbildner – ob männlich oder weiblich – mit Rat und Tat zur Seite. Aber wir Männer müssen in der Regel sowohl weniger geschminkt, als auch hinterher abgeschminkt werden – im Gegensatz zu den Frauen...

Gegen 13.20 Uhr endet an diesem Tag mein Komparseneinsatz und ich fahre mit dem Bus in die Innenstadt und genieße einen spät sommerlichen Tag bei knapp 18 Grad. Immerhin hatte ich ja damit gerechnet, dass ich bis abends als Komparse vor der Kamera stehen würde. Nun habe ich mehr oder weniger unerwartet frei und kann in der Innenstadt einkaufen oder bummeln gehen.

Ausführliche Informationen über die Kinderserie „Die Pfefferkörner" lesen Sie ab Seite 102ff.

Die Detektivgruppe der siebten und achten Staffel: Sophie Krogmann (Darstellerin: Katherina Unger), Themba Bruhns-Mcomo (Darsteller: Coco Nima), Emma Krogmann (Darstellerin: Aurelia Stern), Rasmus Bo Nilsen (Darsteller: Julian Winterbach) und Lina Lange (Darstellerin: Lale H. Mann) posieren für ein Foto in der Speicherstadt.

Ein Szenenfoto einer Folge aus der Kinderserie „Die Pfefferkörner".

Als Postbote beim Landarzt in „Deekelsen"

Der nächste Komparsen-Auftrag führt mich nach Süderbrarup in den Kreis Schleswig-Flensburg. Dort soll ich mich um 8 Uhr am Bahnhof einfinden und einen Reisenden spielen, der am Bahngleis darauf wartet, dass Landarzt Dr. Teschner (gespielt von Walter Plathe) mit dem Zug im fiktiven Ort „Deekelsen" ankommt. Gut eineinhalb Stunden brauche ich, um mit meinem Auto von Hamburg nach Süderbrarup zu fahren. Die Bundesautobahn 7 gen Norden bis nach Schleswig. Bei der Abfahrt Schuby verlasse ich die A 7 und fahre dann auf einer Bundesstraße weiter bis nach Süderbrarup. Es dauert nicht lange, dann habe ich auch schon den Bahnhof gefunden. Nun muss ich nur noch einen Parkplatz finden, auf dem zeitlich unbegrenzt parken darf. In unmittelbarer Bahnhofsnähe ist das nicht so einfach, dort darf auf den Parkflächen nur für höchstens zwei Stunden geparkt werden. Also fahre ich etwas abseits vom Bahnhof gelegen in eine kleine Stichstraße und stelle meinen Wagen dort ab.

Mit einer größeren Sporttasche, die ich zum einen als Reisegepäcktasche und zum anderen zum Transport weiterer Klamotten nutze, gehe ich dann etwa zehn Minuten zu Fuß zum Bahnhof. Dort sehe ich eine kleine Menschentraube stehen, von der ich annehme, dass es sich um Komparsen handelt. Mit einem freundlichen „Moin" frage ich, ob sie auch zu den Komparsen gehören und ob ich somit richtig bin. Fast ein kollektives „Ja, du bist hier richtig" entgegnet mir. Und schon bin ich im Gespräch mit den Komparsen. Es folgt ein lockeres Gespräch. Einige nutzen die Chance für eine Zigarette, ein älterer Komparse raucht eine Pfeife.

Während wir in dieser kleinen Gruppe vor dem Eingang des Bahnhofs stehen und uns locker unterhalten, kommen unterdessen immer mehr Fahrzeuge der Filmcrew angerollt. Zwei blaue Gerätewagen einer Produktionsfirma aus Berlin kommen auf den Bahnhofsvorplatz gefahren, während ein Stromwagen direkt neben dem Bahnhofsgebäude parkt. Auch zwei Wohnmobile rollen an, stellen sich neben die beiden blauen Gerätewagen. Bestimmte Parkplätze des Bahnhofs sind für den gesamten Tag von morgens 7 bis 19 Uhr extra fürs Drehteam reserviert. Das Ordnungsamt hat dafür sogar mobile Parkverbotsschilder aufgestellt. Diese reservierten Plätze füllen sich peu à peu.

Nun kommen noch zwei Frauen auf uns zu, die ebenfalls die Frage stellen, ob wir Komparsen sind. Wieder kommt ein kollektives „Ja, ihr seid hier richtig". Erste Teammitglieder beginnen damit, Film-Equipment aus den Gerätefahrzeugen herauszuholen und in Nähe eines Bahngleises aufzubauen. Auf dem Bahnsteig wird ein Kamerakran aufgebaut, dass ist das, was ich von meinem Standpunkt vor dem Bahnhofsgebäude sehen kann. Ansonsten verdecken Büsche und kleine Bäume die Sicht auf die Bahnanlage. Mitarbeiter tragen Stative und Beleuchtungskörper an uns vorbei. Es werden zudem so genannte Flächenleuchten komplett mit Tor, Vorschaltgerät und Verbindungskabel an uns vorbei getragen. Für die Kamera kommen neben dem schwenkbaren Kamerakran auch Schienen im Einsatz, die ebenfalls von einigen Crewmitgliedern auf dem Bahnsteig aufgebaut werden.

Nun begrüßt uns ein junger Mann. „Guten Morgen, ich bin heute für euch zuständig", sagt er mit freundlicher Stimme. „Damit ich weiß, wer schon alles hier ist, rufe ich jetzt mal die Namen auf und hake euch auf meiner Liste ab", ergänzt der junge Mann. Und dann werden nacheinander Namen aufgerufen und entsprechende Komparsen antworten mit „Ja, ich bin hier" oder auch nur „Hier". Ich antworte mit „Ich bin da."

Nachdem er hinter jedem Namen einen Haken gesetzt hat, sagt er, dass er noch zwei Personen erwarte, die auf seiner Liste stehen, aber offenbar noch nicht da zu sein scheinen. Er nutzt aber die Möglichkeit, uns schon

Der Lindauhof im kleinen Dorf Lindaunis (Kreis Schleswig-Flensburg) wurde 26 Jahre lang als Kulisse für die Arztserie „Der Landarzt" genutzt. Das Foto rechts zeigt die Tür, hinter der die Praxis des Landarztes zu finden ist. Im Anschnitt zu sehen: die Filmklappe.

mal mit Hintergrundinformationen am heutigen Drehtag zu versorgen. So erzählt er, dass laut Drehbuch Landarzt Dr. Uli Teschner (gespielt von Walter Plathe) am Bahnhof „Deekelsen" (fiktiver Filmort, der in der Realität Süderbrarup ist) mit dem Zug angefahren kommt. Er steigt aus und wird von Schwester Jutta (Karina Thayenthal) begrüßt.

Zum Hintergrund dieser Arztserie sollte erwähnt werden, dass seit der Erstausstrahlung im Jahr 1987 die Geschichte des örtlichen Landarztes in „Deekelsen" in Schleswig-Holstein erzählt wird. Erster Bewohner des Landarzthauses ist bei Serienstart Dr. Karsten Mattiesen (gespielt von Christian Quadflieg), der in dem historischen, mit Reet bedecktem Haus aufgewachsen ist und dessen resolute Mutter Olga (Antje Weisgerber) sich um Haus und Hofe kümmert und ihn als Sprechstundenhilfe unterstützt. Mit Beginn der vierten Staffel im Januar 1992 stirbt Dr. Mattiesen den Serientod bei dem Versuch, einen verunglückten Jungen vor dem sicheren Tod zu retten. Sein Nachfolger wird Dr. Ulrich „Uli" Teschner (Walter Plathe). Er führt bis zum Ende der 17. Staffel im Jahre 2008 die Praxis weiter, zieht dann aber mit seiner Lebenspartnerin Anne (Sabine Bach) nach Bayern. Von da an kümmert sich der junge Dr. Jan Bergmann (Wayne Carpendale, Sohn des Sängers Howard Carpendale) um die Gesundheit im Ort „Deekelsen". Jan Bergmann verliebt sich in die Gasthofbetreiberin und alleinerziehende Mutter Maren Jantzen (Caroline Scholze) und heiratet sie am Ende der 20. Staffel.

Soweit einige Hintergrundinformationen zur Arztserie „Der Landarzt". Ausführliche Infos zur Serie lesen Sie ab Seite 105ff.

Zu der Zeit der Komparsenrolle steht also Walter Plathe als Dr. Uli Teschner vor der Kamera. Ich kenne ihn aus diversen Serien wie „Großstadtrevier" oder „Polizeiruf 110" und finde ihn, zumindest im Fernsehen, sehr sympathisch. Natürlich kenne ich ihn auch aus der Serie „Der Landarzt" – deshalb freue ich mich, mal mit ihm zusammen drehen zu können. Aber soweit ist es noch nicht. Der Komparsenbetreuer erläutert weiter, dass bei der Ankunft des Zuges – wie im wirklichen Leben auch – auf dem Bahnsteig ganz „normale Zugreisende" beziehungsweise Passanten stehen sollen. Wenn der Zug hält, sollen einige von uns in den Zug steigen. Allerdings, so klärt er uns gleich auf, müssen wir relativ zügig wieder aus dem Zug steigen, weil die Züge keine Rücksicht auf die Dreharbeiten nehmen und tatsächlich nach ihrem regulären Halt wieder weiterfahren. Da die Strecke von Süderbrarup nach Flensburg, sowie die Strecke von Süderbrarup nach Eckernförde aber eingleisig ist, bleibt der

Zug meist ein paar Minuten stehen. Genug Zeit fürs Drehteam also, die entsprechende Ankunftsszene aufzunehmen. Und für die Komparsen müsste auch genug Zeit bleiben, kurz in den Zug ein- und dann gleich wieder auszusteigen.

Zudem bekommen wir eine kurze Einweisung, schließlich gibt es auch einige Komparsen unter uns, die zum ersten Mal vor der Kamera stehen werden. „Bitte schaltet eure Handys komplett aus. Rauchen bitte nur, wenn ihr Pausen habt und nicht im Einsatz seid", erklärt er nett, aber bestimmt. In dem Moment stoßen die beiden Komparsen dazu, auf die der Komparsenbetreuer noch gewartet hat. Schnell macht er einen Haken hinter dem entsprechenden Namen, dann wird er von einer Frau gerufen. „Ich bin gleich wieder bei euch", sagt er und geht in Richtung des Generatorwagens, wo sie bereits auf ihn wartet.

Aus dem Bahnhof Süderbrarup wird der Bahnhof „Deekelsen". Requisiteure sorgen für die richtige Beschriftung.

Auf dem Foto zu sehen: ein Dolly mit einer Kamera, der sich mittels einer Kameraschiene ohne großartiges Ruckeln und Wackeln von links nach rechts bewegen lässt.

Dort werden Gespräche für die erste an diesem Tag zu drehende Szene geführt. Während ich zu den beiden herüberschaue, höre ich eine Männerstimme, die mir sehr bekannt vor kommt. Es ist Walter Plathe – himself. Mit Handschlag begrüßt er an diesem Morgen jeden Komparsen persönlich und ist gut gelaunt. Für mich ein tolles Erlebnis, weil ich Walter Plathe bislang noch nie getroffen habe. Für den Schauspieler geht es dann quer über den Parkplatz auf dem Bahnhofsgelände zu einem Maskenmobil. An der Tür klebt ein weißer Zettel mit dem Schriftzug „Walter Plathe".

Der Augenblick, in dem ich Walter Plathe hinterher schaue, um zu sehen, was er macht, wird durch einen Krankenwagen zerstört. Mit Martinshorn und Blaulicht donnert er an der Hauptstraße am Bahnhofsgebäude entlang, biegt nach rechts ab und fährt über den Bahnübergang. Zuerst dachte ich ja, der Krankenwagen würde dazu gehören – schließlich handelt es sich beim Landarzt um einer Arztserie. Aber dem ist nicht so.

Der Komparsenbetreuer kommt wieder zu uns und bietet uns an, dass wir in die Bahnhofshalle gehen können. Dort stehen jetzt Getränke und Kleinigkeiten zu essen für uns bereit. Von diesem Angebot machen wir Gebrauch. Ich greife zu einer Wasserflasche und einem halben belegten Brötchen mit Zwiebelmett. Andere Komparsen greifen zu Brötchenhälften mit Fleischwurst, Käse und Marmelade. Wirklich nett von dem Filmteam, dass sie uns schon so früh, also noch vor getaner Arbeit, verwöhnen.

Es betritt wenig später eine junge Frau die kleine Bahnhofshalle und stellt sich als Mitarbeiterin des Bereiches Kostüm vor. Sie bittet zunächst darum, dass wir mit unseren Klamotten eine Art „Outfit-Check" machen. Dazu sollen wir alles zeigen, was wir an Wechselklamotten an oder sonst in einem Rucksack oder einer Tasche mitgebracht haben. Sie legt für den Drehtag quasi fest, was genau wir zu tragen haben. So achtet sie darauf, dass nicht alle Männer beispielsweise eine schwarze Jacke oder blaue Jeans tragen. Bei den Frauen achtet sie darauf, dass nicht alle rote Röcke anhaben und in hochhackigen Schuhen auftreten. „Hast du zufällig eine Sonnenbrille dabei?", werde ich gefragt. Leider muss ich diese Frage mit einem „Nein, habe ich leider nicht" beantworten. Mit meinem Outfit ist sie ansonsten zufrieden. „Dich nehmen wir so, wie du bist", sagt sie und ergänzt: „aber ich schau mal im Wagen, ob ich noch eine Sonnenbrille finde. Die kannst du dann in deinen Haaren stecken haben."

Im großen und ganzen ist die Kostüm-Lady, wie ich sie im stillen immer nenne, mit der Auswahl an Kleidung der Komparsen zufrieden. Auch das Reisegepäck wird einmal unter die Lupe genommen. „Schön, dass ihr nicht alle blaue Rucksäcke dabei habt. Es ist eine bunte Mischung aus Taschen, Rucksäcken und Koffern. Super", sagt sie zufrieden. Dann geht sie zu einem Fahrzeug, aus dem sie noch einige Kleinigkeiten an Requisiten heraus holt. Unter anderem hat sie tatsächlich eine schwarze Sonnenbrille dabei, die sie mir dann übergibt. Ich setze sie nicht direkt auf, sondern stülpe sie über meinen Pony. „Ja, genau so dachte ich es. Super, die Sonnenbrille steht dir", sagt sie lachend und geht dann zu Walter Plathe. Er trägt nun ein anderes Outfit und ist zudem fertig geschminkt. Allerdings hat er nun einen Hund an der Leine. „Das ist sein privater Hund", sagt eine Komparsin. „Den Hund hat er bei seinen Drehs öfter dabei", erläutert sie. Walter Plathe bekommt ebenfalls eine Sonnenbrille als Requisit, die er in seine linke Brusttasche steckt. Zudem bekommt er noch einen Reisekoffer, eine Art Trolley. Unterdessen laufen die Aufbauarbeiten bezüglich Beleuchtung, Kamera und Ton auf Hochtouren.

Auf dem Bahnsteig sind mittlerweile schon einige Styropor- und Depronplatten aufgebaut. Depron ist ein geschäumtes Material, feinporiger und glatter als Styropor. Mitarbeiter vom Licht verwenden zum Abhalten von Streulicht meist schwarzen Molton und sogenannte Fahnen, die ebenfalls schon bereit liegen. Assistenten des Kameramannes hingegen sind gerade dabei, die Schienen fachgerecht zu legen. Dabei werden über schätzungsweise fünf Meter diverse Holzteile positioniert, die mit einer Wasserwaage auf die gleiche Höhe gebracht werden. Dann kommen die Schienen auf die Holzteile.

Zwei Assistenten heben den Dolly samt Kamera auf die Schienen und rollen die etwa fünf Meter lange Strecke einmal ab, um zu sehen, ob es auch ja keine Unebenheit gibt. Mittlerweile haben sich eine ganze Menge an Crew-Mitgliedern auf dem Bahnsteig versammelt, wie ich durchs Fenster aus der Bahnhofshalle sehe. Und immer mehr Material – wie Ton-Pult und Ton-Angel – wird aufgestellt. Der Komparsenbetreuer kommt zu uns in die Bahnhofshalle und sucht sich schon mal bestimmte Personen aus, die in der ersten Szene als Reisende im Bild zu sehen sein sollen. Ich gehöre nicht dazu. „Dich brauche ich zwar auch noch als Reisenden, aber für dich habe ich nachher noch eine bestimmte Aufgabe", sagt er. Auf ein Zeichen der Regie-Assistenz gehen er und die ausgesuchten fünf Komparsen aus der Bahnhofshalle hinaus und stellen sich in eine Reihe auf den Bahnsteig. Es folgen gezielte Ansagen. So soll beispielsweise ein älterer Komparse, der mit einem beigefarbenen Sommermantel bekleidet ist, relativ dicht an der Kamera platziert stehen und dann auf ein Zeichen direkt vor der Kamera von links nach rechts laufen. Im gleichen Moment, so die Ansage, sollen auf dem gegenübeliegenden Bahnsteig zwei weitere Komparsen auf einer Bank auf ihren Zug warten und so tun, als würden sie sich unterhalten. Wiederum zwei andere Komparsen sollen in dem Moment in den Zug steigen, in dem Landarzt Dr. Teschner aussteigt. Das sind die Aufgaben der fünf ausgewählten Komparsen. Sodann machen sich zwei Komparsen auf den Weg zur gegenüberliegenden Seite. Einmal um das Bahnhofsgebäude herum, dann über den Bahnübergang bis hin zum Bahnsteig. Dort angekommen setzen sie sich zunächst auf die nächstgelegene Bank und werden dann aber im selben Atemzug darum gebeten, doch bitte die zweite Sitzbank zu nutzen. Da nehmen sie jetzt Platz, drapieren ihr Reisegepäck um die Bank herum und genießen den spät sommerlichen Morgen.

Auch die anderen Komparsen nehmen ihre Plätze ein. Es folgen Gespräche zwischen Regie, Regie-Assistenz, Kameramann, Mitarbeiter des Tons und des Lichtes. Das Drehbuch ist aufgeschlagen, jeder der Beteiligten hat einen Drehplan in der Hand, der jetzt noch einmal durchgenommen wird. Um 8.47 Uhr soll der Zug aus Richtung Kiel (über Rieseby und Eckernförde) in den Bahnhof Süderbrarup einfahren. Das wäre dann der Moment, in dem Walter Plathe schnell in den Zug steigt und dann so tut, als würde er gerade aussteigen wollen – nach einer langen Zugreise. Es ist jetzt 8.35 Uhr. Es folgt die Ansage des Regisseurs: „Bitte einmal zuhören. Wir machen jetzt einen ersten Durchlauf. Bitte alle an ihre Startpositionen, Danke!"

Der Kameramann geht an seine Kamera, der Assistent bleibt in seiner Nähe und überprüft die Kamera nach deren Funktion. Der Kameraassistent ist nämlich für den perfekten kameratechnischen Ablauf während einer Produktion verantwortlich. Die technische Qualität der Filmaufnahmen ist das sichtbare Ergebnis seiner Tätigkeit. Doch zuvor muss er den Aufbau der gesamten Kameratechnik durchführen, die Funktionsweise und Wartung der Filmkamera beherrschen und einen Fusseltest machen. Aber all dies ist bereits geschehen, so dass er sich nun tatsächlich voll auf seine Aufgaben konzentrieren kann.

Die Crew aus dem Bereich Ton (also entweder Tonmeister oder Toningenieur) und sein Assistent nehmen ebenfalls ihre Plätze ein. Der Meister steht an einem Tonpult und pegelt die Lautstärke ein, während der Assistent mit der Tonangel (ein verlängerbarer Stab, an dessen Spitze das Mikrofon befestigt ist) zum Schauspieler Walter Plathe geht. Auch die anderen Komparsen begeben sich auf ihre Plätze. Der Regie-Assistent und Komparsenbetreuer geben den genauen Startpunkt bekannt und sagen exakt, wie sie sich konkret zu verhalten haben, wenn es gleich losgeht. Jetzt kommt auch Schauspielerin Karina Thayenthal um die Ecke. In der Serie „Der Landarzt" verkörpert Karina Thayenthal die Sprechstundenhilfe Jutta (auch Schwester Jutta genannt), die sich in der Praxis liebevoll um das Leid der Patienten kümmert.

Nun also steht sie zusammen mit Walter Plathe hier in Süderbrarup vor der Kamera. Während ich zusammen mit einigen anderen Komparsen aus dem Fenster der Bahnhofshalle schaue, bitte uns der Regie-Assistent, dass wir während des Drehs nicht aus dem Fenster schauen, sondern uns zur anderen Straßenseite hin aufhalten sollten. Grund: wenn wir aus dem Fenster schauen, könnte es die Schauspieler irritieren, die gleich ihren Text zum Besten geben werden. Außerdem ist es eine unnatürliche Situation. Wenn wir zum Beispiel in der Folge später zu sehen sind, wie wir aus dem Fenster schauen, wundern sich die Zuschauer und denken sich „Warum schauen da welche aus dem Fenster?" Genau dies gilt es zu vermeiden. Wir setzen uns also um, nehmen noch jeder ein halbes belegtes Brötchen in die Hand und unterhalten uns leise weiter. Nur eine Sache ist schade: ich kann nun nicht mehr die Dreharbeiten verfolgen, beziehungsweise den Durchlauf, der jetzt beginnt. „Bitte Ruhe am Set, wir beginnen nun mit einem Durchlauf. Und bitte", ruft der Regisseur.

Plathe steht an der Bahnsteigkante und tut so, als würde er gerade aus einem Zug steigen. Karina Thayenthal steht mit einem Blumenstrauß am Bahnsteig und wartet. Die Komparsen gehen ihren Weg entlang, während die beiden Komparsen auf der anderen Seite noch genauso auf der Sitzbank sitzen, wie noch vor einer Viertelstunde.

Natürlich kommen jetzt, knapp zehn Minuten vor der Einfahrt des Zuges, auch „echte" Fahrgäste auf den Bahnsteig. Sie werden allerdings von Crewmitgliedern darum gebeten, bis an den Anfang des Bahnsteiges zu gehen und dort auf den Zug zu warten. „Wir drehen hier gleich für den Landarzt. Es wäre nett, wenn Sie uns den Platz hier freihalten, damit wir gleich eine Szene drehen können", heißt es. Bei den meisten Fahrgästen stößt diese Bitte auf Verständnis. „Ach, die Serie sehe ich immer. Finde ich ja klasse, dass Sie jetzt hier drehen", sagt eine ältere Frau, die mit ihrem Mann am Bahnsteig steht. „Ach, da ist doch der Doktor", sagt sie als sie Walter Plathe an der Bahnsteigkante erblickt. Dann gehen sie ein paar Meter weiter und folgen den anderen Passanten. Eine junge Frau bittet um ein Autogramm. „Das ist jetzt leider nicht möglich. Wir proben jetzt gerade und danach, wenn der Zug eingefahren ist, beginnen wir sofort mit dem Drehen", klärt ein Crewmitglied auf.

Die Szene wird insgesamt zweimal geprobt, dann ertönt auch schon eine Lautsprecheransage. Der Zug aus Richtung Kiel zur Weiterfahrt nach Flensburg wird angekündigt und man solle vorsichtig an der Bahnsteigkante sein. Walter Plathe macht sich bereit, nimmt eine kleine Tasche in die Hand und wartet auf die Einfahrt des Zuges. Karina Thayenthal steht ebenfalls bereit, geht leise ihren Text durch.

Dann ist der Zug zu sehen: ein grünlicher Triebwagen der Deutschen Bahn, der in Fahrtrichtung Flensburg in den Bahnhof von Süderbrarup einfährt. „Ruhe bitte, wir wollen drehen. Ton bitte ab", sagt der Regisseur. „Ton läuft", sagt der Tonmeister. „Kamera auch ab", sagt der Regisseur und bekommt ein „Kamera läuft" von dem Kameramann erwidert. „Und bitte!" Die Filmklappe wird geschlagen, der Dreh beginnt. Die Einfahrt des Zuges wird gefilmt. Dann folgt ein Schwenk auf Karina Thayenthal, die wartend am Bahnsteig steht. Walter Plathe ist natürlich bei der Einfahrt des Zuges nicht im Bild – schließlich soll es ja so aussehen, als säße er in dem Zug. Geschickt stellt er sich so neben die Kamera, dass er nicht zu sehen ist.

Dann hält der Zug, die Türen öffnen sich. Plathe lässt zunächst die „echten Fahrgäste" aussteigen, bevor er blitzschnell in den Triebwagen steigt. „Danke", ruft der Regisseur. Die Einfahrt des Zuges ist damit im Kasten. Eine fragender Blick in Richtung des Tons folgt. „Alles gut", sagt der Tonmeister. Auch der Kameramann ist zufrieden, die Einfahrt des Zuges war gut. Ein paar Komparsen hat er im Anschnitt im Bild.

Jetzt wird die Kamera in die Höhe der Türen des Zuges gebracht; mittels der Schienen und dem Dolly keine großartige Arbeit. Sobald die Kamera in Position ist, ruft der Regisseur erneut: „Ruhe bitte, wir wollen drehen. Ton ab". „Ton läuft", erwidert der Tonmeister. „Kamera ab", sagt der Regisseur und bekommt ein „Kamera läuft" von dem Kameramann erwidert. „Und bitte!" Ein Assistent schlägt wieder die Filmklappe. „Ruhe am Set". Gekonnt schwenkt der Kameramann mit langjähriger Erfahrung bei Film und Fernsehen von einer Totalen des Zuges auf den Tür-Bereich, in dem nun Walter Plathe auf seinen Einsatz wartet. In dem Moment, wo die Kamera frontal auf den Darsteller positioniert ist, steigt

Plathe aus dem Zug. In dem Moment, wo er mit seinem Fuß den Bahnsteig betritt (das ist das Startsignal) kommt ihm Karina Thayenthal entgegen, umarmt und begrüßt ihn. „Danke", bricht der Regisseur den Dreh in dem Moment ab, in dem Karina Thayenthal den Landarzt umarmt. „Du darfst nicht mit dem Rücken zur Kamera gedreht stehen, Karina", sagt der Regisseur. „Bitte drehe dich etwas mehr ein", erfolgt die Ansage. „So, dann machen wir die Szene bitte noch einmal. Bitte alles auf Anfang."

„Ruhe am Set, bitte alle auf Position! Kamera?" „Kamera läuft!" „Ton?" „Ton läuft!" Wieder wird die Filmklappe geschlagen, der Dreh wird fortgesetzt. Der Kameramann schwenkt wieder von der Totalen auf den Tür-Bereich, in dem Walter Plathe bereits auf seinen Einsatz wartet. In dem Moment, wo die Kamera frontal auf den Darsteller positioniert ist, steigt er aus und wird wieder von Karina Thayenthal umarmt und begrüßt. Komparsen steigen in den Zug und tun so, als seien sie Reisende. Einige gehen am Bahnsteig auf und ab und tun so, als würden sie ebenfalls auf Angehörige warten, die gerade aus dem Zug aussteigen. Einzig und allein die beiden Komparsen auf der gegenüberliegende Bahnsteigkante sind weder im Bild noch haben sie just in diesem Moment eine sinnvolle Aufgabe. Aber sie sitzen noch immer nach Anweisung auf ihrer Bank, obwohl zwischen ihnen und dem Filmteam ein großer Triebwagen steht. Wie mir ein Teammitglied erklärt, arbeiten sie generell lieber mit zwei oder drei Komparsen mehr, die teils eingesetzt werden, ohne dass sie letztendlich gebraucht werden. Schließe wisse niemand im Voraus, ob die Komparsen tatsächlich im Bild sind oder nicht. In diesem Falle wüsste man zum Beispiel nicht im Voraus, wie schnell der Zug in den Bahnhof einfährt und wo genau er halten würde. Es könnte schließlich auch sein, dass die beiden Komparsen in der Nahaufnahme in Szene gesetzt werden, dann schwenkt die Kamera auf den einfahrenden Zug. Alles ist möglich und wird auch meist spontan entschieden, wie Kameramann und Regisseur vor Ort agieren.

Auch ich sitze noch zusammen mit weiteren Komparsen in der Bahnhofshalle – und bin auch noch nicht im Bild. Schade.

Aber das soll sich nach zwei weiteren Einstellungen, die noch mit dem stehenden Zug gedreht werden, ändern. Die Begrüßungsszene mit Karina Thayenthal und Walter Plathe wird dreimal gedreht. Zweimal noch, wie eben beschrieben. Ein weiteres Mal nimmt der Kameramann die Kamera auf seine Schulter und dreht quasi „aus der Hand heraus", also ohne Stativ oder Dolly. Auf diese Weise hat er die Begrüßungsszene noch einmal aus einer anderen Perspektive festgehalten. Dann ertönt eine Lautsprecherdurchsage, die das Abfahren des Zuges signalisiert. Es würde noch auf den entgegenkommenden Zug gewartet, heißt es. Fahrgäste sollen der Durchsage nach schon einmal einsteigen, weil sich jeden Moment die Türen schließen.

Der Regisseur schaut sich das gedrehte Material noch einmal auf seinem kleinen Monitor an und ist zufrieden. „Sehr gut, das haben wir im Kasten", sagt er. Ein Piepen ist zu hören: die Türen des Triebwagens werden automatisch geschlossen. Nachdem der aus entgegengesetzter Richtung kommende Zug in den Bahnhof eingefahren ist, fährt auch dieser Zug weiter in Richtung Flensburg. Die Filmcrew baut nun um und bereitet alles für einen zweiten Dreh vor. Diesmal soll eine Szene vor dem Bahnhofsgebäude gedreht werden, also direkt vor dem Eingang. Bevor jetzt die zahlreichen Crewmitlieder damit beginnen, das gesamte Filmequipment vom Bahnsteig auf den Bahnhofsvorplatz zu transportieren, wartet der Tonmeister darauf, dass der Zug, der gerade eben eingefahren ist, wieder abfährt. Grund: es soll noch eine „Atmo" aufgenommen werden. Zwar sind bereits während des Drehs Tonaufnahmen entstanden, aber um hinterher die Übergänge besser mit Tonmaterial unterlegen und schließlich schneiden zu können, erfolgen nach einem Dreh meist sogenannte „Atmo-Aufnahmen". Erklärung: Jeder Filmton basiert von der ersten bis zur letzten Minute auf „Atmos" (Ausnahme sind beispielsweise Filmszenen mit dominanter Musik). Bei der „Atmo" handelt es sich um ein wesentliches Werkzeug zur akustischen Gestaltung einer Szene.

Ein Fernsehzuschauer möge sich nur mal vorstellen, dass eine Bahnhofsszene zu sehen ist, ohne dass ein leichter Wind, Gespräche von Fahrgästen oder das Geräusch eines einfahrenden Zuges zu hören sind. Daher sind „Atmos" elementar und vermitteln an den TV-Zuschauer Informationen über die Umgebung und das soziale Umfeld der entsprechenden Szene. Außerdem verbindet eine an das fertig geschnittene Bild angelegte „Atmo" mehrere Szenen miteinander und versetzt den Zuschauer akustisch in die Lage des Protagonisten im Fernsehen. Durch die „Atmo" hat er das Gefühl, beim Geschehen dabei zu sein.

Die Mitarbeiter aus dem Bereich Ton warten also darauf, dass der Zug losfährt und nehmen dann etwa eine Minute lang die Atmosphäre des Bahnhofs auf. Zwitschernde Vögel, das rascheln der Bäume, leises sich Unterhalten von Passanten und im Hintergrund das Abfahren des Zuges.

Nach der geschlagenen Minute heißt es auch dann wieder „Danke, Aus!" Dann packen auch die Mitarbeiter des Tons ihre Sachen, rollen das Tonpult auf den Bahnhofsvorplatz.

Dort werden die Schienen für die Kamera verlegt, Beleuchtungskörper aufgestellt und das Schild „Süderbrarup" mit dem Schriftzug „Deekelsen" überklebt (wie auf dem Foto auf Seite 29 zu sehen). Während das Filmteam aufbaut, sitzen alle Komparsen in der Bahnhofshalle. Die Darsteller halten sich währenddessen in ihren Wohnwagen auf. Regisseur, Kameramann, Tonmeister und Komparsenbetreuer machen eine kleine Raucherpause. Nach etwa zehn Minuten Umbauphase heißt es dann auch schon wieder Fertigmachen für eine Probe einer weiteren Szene.

Regieassistent und Komparsenbetreuer kommen in die Bahnhofshalle und schauen sich alle Komparsen noch einmal genau an.

„Alle die, die eben schon im Bild waren, haben jetzt erst einmal Pause", heißt es. Dann wird zwischen den anderen ausgesucht. Auch ich komme in die engere Wahl, um in der Szene als Komparse aufzutreten. Ich soll einmal die Sonnenbrille aufsetzen, dann ins Haar stülpen. „Ja, das sieht gut aus. Lass mal bitte die Sonnenbrille in deinen Haaren und dann kommst du mit nach vorne", sagt der Regie-Assistent. Zwei junge Frauen werden ebenfalls ausgesucht, die mit mir zusammen vor dem Bahnhofseingang stehen sollen. Mit einem großen Rucksack auf dem Rücken positioniere ich mich an der Tür (dem Eingang zur Aufenthaltshalle des Bahnhofs). Meine Sporttasche war denen zu sehr mit dem Markenhersteller bedruckt, so etwas kommt im Fernsehen nicht gut.

Beide Frauen und ich werden nun gebeten, dass wir neben dem Eingang stehen und so tun, als würden wir uns unterhalten. In der nächsten Szene kommen Walter Plathe und Karina Thayenthal aus der Tür und gehen in Richtung des Taxistandes. Unsere Aufgabe ist es, ein normales Gespräch nachzustellen, ohne dabei auf den Darsteller zu achten.

Die Szene wird einmal geprobt, der Gang der beiden Schauspieler durchexerziert. Nach dieser Probe heißt es wieder: „Ruhe am Set, bitte alle Beteiligten auf ihre Position! Kamera?" „Kamera läuft!" „Ton?" „Ton läuft!" Erneut wird die Filmklappe geschlagen und die Dreharbeiten an diesem Morgen fortgesetzt. „Und bitte..."

Nachdem diese Szene einmal geprobt und zweimal gedreht wurde, heißt es für uns erst einmal Mittagspause. Es ist jetzt kurz vor zwölf Uhr und mein Magen könnte etwas Leckeres, Warmes verkraften. Was ich während des Drehs eben nicht mitbekommen habe: Mitarbeiter der Filmcrew haben in der Zwischenzeit Sitzbänke aufgestellt, die nun fürs Team, die Darsteller und uns Komparsen fürs Mittagessen zur Verfügung stehen. Auch hier gilt die Regel: erst das Team, dann die Komparsen. So stellen sich also zunächst die Darsteller, die Crew und dann die Komparsen in die Schlange vor dem Cateringwagen, der gleich neben den beiden Gerätewagen geparkt ist.

Eine halbe Stunde haben wir nun Zeit, gemeinsam zu essen. Heute gibt es unter anderem eine Scheibe Schweinebraten mit gesteppten Bohnen und Kartoffeln. Wer möchte bekommt noch eine leckere Soße oben drauf.

Was ich etwas schade finde: Walter Plathe und Karina Thayenthal ziehen sich in der Mittagspause mit jeweils einem Teller in der Hand in ihre Wohnmobile zurück. Für uns Komparsen also keine Chance, mit denen ins Gespräch zu kommen. Schade. Ich hätte sehr gerne ein paar Worte mit dem Landarzt gewechselt.

Noch während wir Komparsen am Essen sind, steht der größte Teil der Filmcrew bereits wieder auf. Einige greifen sich eine Zigarette, andere begeben sich zu ihrer Ausrüstung. Das Team um den Kameramann beispielsweise ist wieder zugange, die Schienen zu einer anderen Stelle zu bringen. Auch das Team aus dem Fach Beleuchtung justiert die großen Scheinwerfer an einer anderen Stelle. Wieder führt der Regisseur zusammen mit dem Komparsenbetreuer Gespräche über die zu drehende Szene. Unterdessen kommt die „Kostüm-Lady" zu uns und bittet darum, dass wir uns – nach der Mittagspause – gerne etwas anderes anziehen können, weil wir nun eine andere Szene drehen.

Mich spricht sie explizit an, dass ich nach dem Essen zu ihr zum Wagen kommen soll. Dort hätte sie für mich ein bestimmtes Kleidungsstück: das eines Postboten. Ein Requisiteur, wie sie mir erklärt, besitzt privat einen alten, gelben Bus, wie er in den 1980er Jahren von der Deutschen Post im Einsatz war. Genau diesen soll ich gleich fahren und mich dann mit einem Schauspieler unterhalten. Zudem soll ich ihm dann einen Brief durch das geöffnete Fenster überreichen.

Cool, das ist doch mal etwas Besonderes, denke ich nur so und bestätige ihr: „Ja klar, mach ich gleich. Ich esse nur noch auf, dann komme ich zu dir an den Wagen." Sie nickt.

Jetzt bemerke ich, dass der gelbe Bus, der die ganze Zeit hinter dem Generatorwagen stand, auf den Bahnhofsvorplatz vorgefahren kommt. Ich wundere mich jedes Mal, dass alle Handlungen immer Hand in Hand laufen. Damit meine ich: sie spricht mich an, dass ich gleich mit dem Waen fahre und als Postbote agiere. Im gleichen Moment fährt der Wagen vor. Es greift ein Rad ins andere... Witzig und faszinierend finde ich es auch, dass das Team um den Kameramann genau weiß, wie die Führung der Kamera zu sein hat. Ich frage mich immer, ob es eine Art Skizze gibt oder ob das Team schon Wochen vorher vor Ort war, und sich den Drehort genau angeschaut hat. Scheinbar ist es so. Das jedes Teammitglied einen Drehplan für den jeweiligen Tag hat, weiß ich.

Ich esse auf, gehe dann zu dem Wagen des Kostüm. Dort ziehe ich mich um und bekomme Postklamotten ausgehändigt. Mütze, Jacke und eine Hose streife ich über. Eine Mitarbeiterin der Maske wirft noch eben einen Blick in mein Gesicht, pudert mich leicht ab.

Die Umbaupause ist knapp beendet, da bittet der Regisseur auch schon alle Beteiligten ans Set. Der gelbe Postwagen steht bereits vorgefahren an einer bestimmten Position, die mit einem kleinen Sandsack markiert ist. „So, du steigst jetzt bitte in den Bully und fährst dann einmal von dieser Position gerade aus bis in Höhe der Kamera. Dort hälst du an und übergibst dem Schauspieler durch das geöffnete Fenster einen Brief", gibt mir der Regie-Assistent Anweisungen. „Dann fährst du wieder los. Dabei nickst du entweder mit dem Kopf oder sagst ein leises Tschüss", fährt er fort.

Genau nach seinen Anweisungen nehme ich im Fahrzeug Platz und bereite mich auf den ersten Durchlauf vor. Dabei mache ich mich mit der Gangschaltung vertraut. „Bitte alles auf Anfang, wir machen eine Probe", ruft der Regisseur. Weitere Komparsen, die auf dem Bahnhofsvorplatz platziert sind, bereiten sich genauso auf die Probe vor, wie ein neuer Schauspieler, den ich nicht kenne. Dann gibt mir der Regie-Assistent ein Zeichen zum Losfahren. In Höhe der Kamera halte ich an, ziehe die Handbremse und übergebe dem Darsteller einen Briefumschlag. Dann verabschiede ich mich kopfnickend mit einem Tschüss und drehe einmal eine Runde, damit ich dann wieder in der Ausgangsposition parke. „genau so machen wir das", sagt der Regisseur. Mit einer einzigen Bitte tritt er an mich heran. Ich solle genau in der Höhe anhalten, in der die Kamera steht. Soweit so gut. Aber ich war etwas zu dicht an der Kamera. Sprich: einen halben Meter mehr Abstand zwischen dem Fahrzeug und der Kamera wäre schön. Ein Crewmitglied wirft einen kleinen Sandsack in die Höhe, in der ich nun den Postwagen zum Stehen bringen soll.

Mit einem „geht klar" stimme ich dem zu. Dann wird aus der Probe ein erster Dreh. Alle Beteiligten gehen wieder auf Anfang, die Crew bereitet sich ebenfalls vor. Der Kameraassistent schaut nach Fusseln im Objektiv, die Maske geht noch einmal den Schauspieler pudern und der Komparsenbetreuer gibt Zeichen für die anderen Komparsen, die teils von der einen zur anderen Seite und einmal quer durchs Bild laufen sollen.

Später im Fernsehen sieht es dann so aus, als würde in „Deekelsen" auf dem Bahnhofsvorplatz die Hölle los sein. Lauter Passanten, ein Postbote im Stress...

Diese Einstellung wird insgesamt dreimal gedreht. Dann gibt der Regisseur sein finales: „Danke, Aus!" Der Komparsenbetreuer kommt zu uns und bedankt sich bei jedem einzelnen von uns. „Ihr ward super, Danke. Das war's für heute. Wir drehen jetzt noch einige E-Shots und dann haben auch wir Feierabend", erklärt er. Die meisten von uns ziehen sich wieder so an, wie sie am Morgen gekommen sind. Auch ich entkleide mich und ziehe – zumal sie mir gar nicht gehört – die Postkleidung aus. Gemeinsam sitzen wir dann auf den Bänken und bekommen noch jeder ein Formular (Komparsenbogen) ausgehändigt, den wir komplett ausfüllen müssen. Wieder dürfen weder der Vor- und Zuname, noch Anschrift und Telefon- sowie Sozialversicherungsnummer, sowie die persönliche Steuernummer fehlen.

Ich lese auf dem Komparsenbogen noch einmal alles genau durch und überprüfe die Richtigkeit der gemachten Angaben, bevor ich den Zettel unterschreibe und bei der Komparsenbetreuung abgebe. Er notiert das Datum und die genaue Uhrzeit, unterschreibt ebenfalls den Bogen und gibt mir einen Durchschlag für meine Unterlagen in die Hand. – Mit einem Tschüss in die Runde verabschiede ich mich vom Team und den anderen Komparsen, gehe dann zu meinem Auto und fahre wieder nach Hause nach Hamburg.

Ausführliche Informationen zur Serie finden Sie ab der Seite 105ff.

Foto links: ein Gerätewagen der Produktionsfirma mit geöffneter Ladeklappe. Das andere Foto zeigt den Bahnhof in Süderbrarup.

Als Gerichtsvollzieher im „Großstadtrevier"

Dreharbeiten für die beliebte Polizeiserie „Großstadtrevier" Anfang des Jahres 2010 in Hamburg. Gedreht wird an diesem Morgen eine Szene für die Folge „Dumm gelaufen" (295). Der Kurzinhalt wird gemäß Pressemitteilung der ARD wie folgt zusammengefasst: Kurz nachdem Dirk Matthies (Jan Fedder) und Anna Bergmann (Dorothea „Doro" Schenck) die Spielhalle von Heinz Bommer (Klaus Manchen) kontrolliert haben, hören sie einen Schuss. Bommer selbst hat aber angeblich nichts gehört. Und Nadine (Oona von Maydell), die Dirk und Anna in der Spielhalle angetroffen haben, behauptet, dass sie sich die Verletzung am Oberarm bei einem Sturz zugezogen hat. Dirk und Anna forschen nach: Hat Heinz Bommer Nadine etwa angeschossen? Aber warum verrät Nadine ihn nicht? Für Dirk und Anna wendet sich der Fall, als sie erfahren, dass Nadine und ihrem kleinen Sohn Lukas eine Zwangsräumung bevorsteht, wenn sie ihre Mietschulden nicht zahlt. Alles weist darauf hin, dass Nadine Bommers Spielhalle überfallen hat. Warum aber decken sich die beiden durch ihre Aussagen gegenseitig?

Alles ist vorbereitet für den Empfang des neuen alten Kollegen Hauke Jessen im Kommissariat 14. Vor allem „Harry" Möller freut sich sehr auf den „Heimkehrer", der allerdings auf sich warten lässt. Erst ein Anruf von Big Harry gibt Aufschluss über Haukes Verbleib. Der schläft nämlich in Big Harrys Kneipe seinen Rausch aus. Als „Harry" ihn abholt, erfährt sie, dass Hauke auf einen alten Kiez-Trick reingefallen ist. Eine weibliche Kneipenbekanntschaft hat ihn mit K.o.-Tropfen betäubt und ihm dann Bargeld und die Scheckkarte gestohlen. „Harry" und Hauke haben nun alle Hände voll damit zu tun, die Diebin zu finden. Und auch Hannes macht sich Sorgen um Hauke: Wie soll er Frau Küppers erklären, warum Hauke an seinem ersten Tag zu spät kommt?

Soweit der Inhalt dieser Folge.

Zwei Tage vor dem Dreh bekomme ich einen Anruf von der Komparsenbetreuung der Produktionsfirma. Ich werde gefragt, ob ich Lust hätte, einen Gerichtsvollzieher zu spielen. Dazu bräuchte ich einen Anzug und eine kleine Aktentasche, die er dem Klischee nach stets bei sich trägt. Nachdem ich zugesagt und den Termin bestätigt habe, bekomme ich den genaue Ort gesagt. Es ist eine kleine Siedlung mitten im Stadtteil Altona, wo den ganzen Tag über mehrere Szenen gedreht werden sollen. Auch an diesem Tag beginnt die Arbeitszeit relativ früh am Morgen: um 8 Uhr ist

41

das Treffen avisiert. Für mich heißt es spätestens an dem Tag um 7 Uhr aus dem Haus. Denn allein der Weg mit dem Auto dauert laut Navigationsgerät 20 Minuten, zudem muss ich ja noch einen Parkplatz suchen. Da kalkuliere ich zusätzlich noch etwa 15 Minuten ein. Also bin ich dann bummelig 25 Minuten vor der vereinbarten Zeit am Set.

Das tolle an Dreharbeiten ist, dass die Straße selbst gar nicht gesucht werden muss. Im Umkreis eines Kilometers sind an bestimmten Stellen (meistens Kreuzungen) Sperrhüte aufgestellt, die als Hilfe für das Filmteam dienen, den Drehort leicht zu finden. Natürlich nutze auch ich als Komparse diese Hilfestellungen – besser geht`s nicht. In der Straße, in der gedreht wird, finde ich keinen Parkplatz. Es stehen einfach zu viele Fahrzeuge der Anwohner auf den Parkflächen. Zudem hat das Filmteam mit über einem Dutzend an Fahrzeugen viele Parkplätze für sich in Anspruch genommen. Hierfür wurde eine komplette Straßenseite mit mobilen Halteverbotsschildern versehen. Tja – für die Anwohner und mich heißt es dann wohl: Pech gehabt. Ich muss in eine Seitenstraße fahren und meinen Wagen dort abstellen.

Zwei Gerätewagen vom Studio Hamburg parken in einer Straße in Hamburg-Altona. Sie sind voll mit Film-Equipment. An der Seite kleben riesige Aufkleber und machen Werbung für die Serie „Großstadtrevier".

Aber alles kein Problem. Genau deshalb fahre ich immer so rechtzeitig von Zuhause los, dass ich es immer pünktlich schaffe. Ich muss auch nur bummelig sieben Minuten gehen, von daher hält es sich mit dem Parkplatzproblem in Grenzen.

Auf dem Weg zum Drehort fallen mir wieder die Sperrhüte auf, die dem Drehteam den kürzesten Weg zum Set aufzeigen. Aus der Ferne sehe ich nun schon den gesamten Fuhrpark: zwei Gerätewagen, ein Aufenthalts-beziehungsweise Kantinenbus, zwei Wohnmobile, ein Cateringfahrzeug, sowie ein Maskenmobil. Auch zwei Transporter stehen an der Straßenseite: darin befinden sich Kleider aus dem Kostüm.

Auf dem Gehweg steht ein junger Mann mit einem Knopf im Ohr. Den spreche ich an und frage, wer denn für die Komparsen zuständig sei?

Als Antwort bekomme ich den Hinweis, dass sich alle Komparsen im Bus aufhalten. Dort säßen bereits die ersten Komparsen und ich solle doch bitte ebenfalls in den Bus steigen. Auch an diesem Morgen ähnelt sich der Ablauf. Beim Einsteigen in den Aufenthaltsbus begrüße ich die dort sitzenden Komparsen mit einem „Moin, Moin" und setze mich dann in die hintere Ecke. In dem Aufenthaltsbus stehen bereits Getränke, darunter Cola, Fanta, Sprite, Tee und Kaffee, bereit. Ich greife diesmal zur Cola. Auf der Rückbank sitzen zwei junge Männer, die extra aus dem Raum Pinneberg für die Dreharbeiten angereist kamen. Wie sie mir erzählen, spielen sie gleich in der Szene zwei Möbelpacker.

Sofort kombiniere ich: zwei Möbelpacker, ich als Gerichtsvollzieher. Dann geht es sicherlich um eine Wohnungsräumung. Im Laufe des Gespräches erfahre ich, wo die beiden schon im Fernsehen zu sehen waren.

Auch ich erzähle von meinen Erfahrungen aus der Komparserie.

Solche Sperrhüte stehen an Straßenmündungen und -kreuzungen und weisen auf den Drehort hin.

Ein Aufenthalts- und Kantinenbus.

Dabei fällt uns auf, dass ich mit einem der beiden jungen Männer bereits einmal gemeinsam bei einem Dreh auf dem Bergedorfer Friedhof vor der Kamera stand. Aber damals waren es so viele Komparsen, die für eine Beerdigungsszene gebucht wurden, dass wir voneinander nichts wussten. Beim „Großstadtrevier" suchen die Talentscouts hingegen eher eine kleine Auswahl an Komparsen aus. Gemäß dem Motto „lieber Klasse statt Masse". Insgesamt sind wir an diesem Morgen fünf Komparsen, die jetzt in dem Bus auf ihren Einsatz warten. Im Bus sitzen aber neben den Komparsen noch Mitarbeiter der Filmcrew.

Nach einer Viertelstunde betritt die Komparsenbetreuerin des Bus und begrüßt uns einzeln mit Handschlag. Dann erzählt sie uns den Ablauf und den Inhalt aus dem Drehbuch. Wie vermutet geht es um eine Wohnungsräumung, zu der Anna Bergmann (Dorothea Schenck) und Dirk Matthies (Jan Fedder) gerufen werden. Der Gerichtsvollzieher soll zusammen mit den Möbelpackern vor der Haustür stehen. Es werde ein Dialog zwischen der Mieterin der Wohnung, dem Vermieter und den Polizisten geführt. Wir stehen um die beiden Polizisten herum – soweit die Ansage.

Die Komparsenbetreuerin verweist darauf, dass in wenigen Minuten jemand aus dem Kostüm kommen wird, der uns bezüglich der Kleidung begutachtet. Zudem werden wir noch geschminkt. Keine zehn Minuten später steigt tatsächlich eine junge Frau in den Bus, begrüßt uns mit den Worten: „Guten Morgen. Ich bin vom Kostüm und werfe mal eben einen Blick auf eure Klamotten." Dann geht sie von vorn nach hinten und schaut sich die mitgebrachten Kleidungsstücke an und sagt, was der entsprechende Komparse anzuziehen hat. Bei den Möbelpackern ist es klar: jeweils eine braune Cordhose mit typischen Hosenträgern. Bei mir ist es auch klar: als Gerichtsvollzieher trage ich einen schlichten Anzug. Und den habe ich bereits an.

„Alles super. So nehmen wir euch", sagt sie. Bei den beiden anderen Komparsen, die noch im Bus sitzen, ist die Kleidung auch abgenommen. Danach werden wir gebeten, nacheinander zum Maskenmobil zu gehen. Dort werden wir gepudert, Frauen werden leicht geschminkt. Dann setzen wir uns wieder in den Aufenthaltsbus und warten auf unseren Einsatz. Der lässt allerdings noch eine geschlagene Stunde auf sich warten. Zunächst wird eine komplette Szene in einer Wohnung eines Mehrfamilienhauses gedreht. Und die findet ohne Komparsen statt. Wie wir vom Bus aus sehen können, beginnt danach eine kleine Umbaupause. Sämtliches Film-Equipment wird aus der Wohnung getragen und draußen unmittelbar vor der Wohnungstür aufgebaut. Unterdessen bekleben Requisiteure ein Klingelschild mit einem fiktiven Namen. Es wird sich um den Filmnamen der Mieterin handeln, mutmaße ich. Große Scheinwerfer werden links und rechts vor der blauen Tür aufgestellt. Auf dem Gang befindliche Fahrräder, ein Kinderwagen und Blumenkübel werden beiseite geschoben.

Auch die Kamera findet ihren Platz in unmittelbarer Nähe zur Wohnungstür. Zudem werden auf dem Boden diverse Markierungen geklebt. Die Umbauphase ist noch nicht beendet, da bekommen wir den Hinweis, dass es für uns in wenigen Minuten los geht und wir uns schon einmal für den Dreh bereit machen sollen. Zu Deutsch: wir trinken den Kaffee aus, richten unsere Klamotten und steigen aus dem Bus. Dort nimmt der eine oder andere noch eine Zigarette in die Hand. Währenddessen ist das Team nun mit dem Aufbau von Beleuchtung, Kamera und Ton fertig – kommt zu einer Besprechung mit dem Regisseur zusammen. Geführt von der Komparsenbetreuerin gehen wir direkt ans Set und bekommen unsere Ausgangsposition erklärt. Die beiden Möbelpacker sollen an einer bestimmten Stelle stehen und – genauso wie ich – dem Dialog zwischen Anna Bergmann und Dirk Matthies als Polizeiteam und der Mieterin verfolgen. Dabei stehe ich unmittelbar hinter dem Schauspieler Jan Fedder (der in der Serie den Polizisten Dirk Matthies verkörpert) und dabei den Blick zur Mieterin behalten. Die Möbelpacker stehen gleich hinter mir, sollen Blickkontakt zu mir aufnehmen und dann dem Treiben ebenfalls folgen.

Wir haben uns gerade an die Position gestellt, da kommt auch schon die Ansage: „Ok, wir machen eine erste Probe. Bitte alles an den Anfang." Nun stoßen auch Dorothea Schenck (alias Anna Bergmann) und Jan Fedder dazu. Beide begrüßen uns mit einem kurzen „Hallo", dann stellen sie sich auf ihre Markierung. „Und bitte", sagt der Regisseur. Die Beamten klingeln an der noch verschlossenen Wohnungstür. Die Mieterin öffnet zunächst nicht. Erst nach einem intensiven Gespräch macht sie die Tür auf und blickt auf ein Pulk an Menschen. Immerhin stehen zwei Polizisten, zwei Möbelpacker und ein Gerichtsvollzieher vor dem Wohnungseingang. „Stopp", unterbricht der Regisseur und ergänzt: „ihr müsstet weiter vorne stehen, damit die Kamera noch die Schulter von Fedder im Anschnitt hat."

Also stellen sich Schenck und Fedder ein paar Zentimeter weiter nach vorn. Der Kameramann zeigt einen erhobenen Daumen. Auch der Regisseur, der die Szene auf seinem kleinen Monitor verfolgt, gibt zu erkennen: „Ja, so ist es besser. Perfekt." Und dann wird diese Szene ein weiteres Mal geprobt, bevor sie insgesamt fünfmal gedreht wird. Ein Mal musste der Dreh wegen eines Versprechers eines Darstellers unterbrochen werden, die anderen vier Male waren in Ordnung. Wie ich erfahre, wird eine Szene manches Mal sicherheitshalber mehrfach gedreht, damit im Nachhinein die beste oder schönste Aufnahme ausgewählt werden kann. Also nichts Ungewöhnliches, dass diese Szene fünfmal durchgespielt und gedreht wurde. Fünfmal aus Blickrichtung der beiden Polizisten, die zunächst vor verschlossener, dann geöffneter Wohnungstür vor der Mieterin stehen.

Zudem wird die Szene noch zweimal aus einer anderen Perspektive gefilmt: aus Sicht der Mieterin mit Blickwinkel aus der Wohnung heraus.

Klaus Manchen, Dorothea Schenck und Jan Fedder besprechen die nächste Szene.

Zwei Gerätewagen: Sie sind voll mit Film-Equipment. An der Seite kleben riesige Aufkleber und machen Werbung für die Serie „Großstadtrevier".

In einer Drehpause nimmt auf diesem Stuhl nur einer Platz: Jan Fedder. Über 20 Jahre lang verkörpert er den Kultbullen Dirk Matthies im „Großstadtrevier".

Nach den beiden Einstellungen ist diese Szene dann im Kasten – fertig abgedreht, wie es im Fachjargon heißt. Es folgt eine Mittagspause. Auch hier gilt wieder: erst darf das Team, dann dürfen die Komparsen zum Cateringwagen gehen. So kommt es also, dass wir noch bummelig zehn Minuten im Bus darauf warten, dass wir uns anstellen können. Dafür ist das Essen aber richtig lecker – und auch das Angebot an Getränken ist reichhaltig. Vor dem Aufenthalt- oder Kantinenbus sind Bänke und Tische aufgestellt, auf denen wir uns zusammen mit einigen Teammitgliedern hinsetzen und das Mittagessen einnehmen.

Die Schauspieler sitzen währenddessen in ihren eigenen Wohnmobilen und genießen vermutlich dort ihre kleine Mittagspause. Ob sie nebenbei noch ihre Texte für die nächste Szene lernen?

Nach eine halben Stunde geht es auch schon weiter. Die Mittagspause wird fürs Team für beendet erklärt, während wir Komparsen noch weiterhin auf unserem Platz sitzen und essen können. Währenddessen baut die Filmcrew die Scheinwerfer, Kamera samt Schienen , sowie das Tonpult auf einem Bürgersteig in Nähe des Mehrfamilienhauses auf. Nun soll eine Außenszene gedreht werden. Dazu brauchen sie uns fünf Komparsen als Passanten, die auf dem Gehweg entlang laufen. Der Streifenwagen Peter 14/2 wird in Position gebracht. Das Blaulicht wird enthüllt (während der Fahrt durch Hamburg wird es, wie von der Behörde vorgeschrieben, eingehüllt) und der Schriftzug Polizei wird ebenfalls sichtbar gemacht. An richtiger Stelle wird der Wagen nun platziert. Links und rechts werden die Stühle der Schauspieler aufgebaut. Davor steht die Kamera. Außerdem ist auch ein eigener Regiestuhl aufgestellt, von dem aus der Regisseur freie Sicht auf den Streifenwagen hat. Genau dort sollen sich gleich Schenck und Fedder in Höhe der Motorhaube hinstellen und sich mit dem Vermieter der Wohnung unterhalten.

Die Dialoge zwischen den Schauspielern werden mehrfach durchgegangen. Für uns Komparsen heißt es erst einmal warten. Aber auf Abruf stehen wir just in diesem Moment und verfolgen interessiert das Geschehen. Wir bekommen mit, dass der Regisseur vor Ort eine kleine Änderung festlegt. Die beteiligten Schauspieler müssen nun reagieren. Nun folgt unser Einsatz. Einige der Komparsen werden als Spaziergänger, andere als Bewohner des Mehrfamilienhauses eingesetzt, die gerade während der Szene aus dem Eingang gelaufen kommen. Der Dreh beginnt, nachdem die Szene zweimal geprobt wurde.

„Ruhe bitte. Kamera?" „Kamera läuft." „Ton?" „Ton läuft." „Und bitte."

Gegen 17.30 Uhr ist dann auch diese Szene, die ebenfalls aus verschiedenen Perspektiven gedreht wurde, im Kasten.

Dann gibt der Regisseur sein finales: „Danke, Aus!" Die Komparsenbetreuerin kommt zu uns und bedankt sich. „Das habt ihr klasse gemacht, ihr ward super, Danke. Das war's für heute", sagt sie. In die Runde fragt sie noch, ob es einige gibt, die auch morgen bei einem Dreh dabei sein möchten. Sie könne gut und gerne noch zwei oder drei Komparsen gebrauchen, sagt sie. Ich winke ab, weil ich morgen leider keine Zeit habe. Auch bei den anderen vier Komparsen stößt sie diesmal nur auf ein klares Nein. Der eine Möbelpacker schaut mich an und sagt: „so spontan kann ich bei meinem Chef ja nicht absagen und fragen, ob ich für einen Komparsenauftrag frei machen kann."

Auch diesmal bekommen wir jeder ein Formular (Komparsenbogen) ausgehändigt, den wir komplett ausfüllen müssen. Erneut dürfen weder der Vor- und Zuname, noch Anschrift und Telefon- sowie Sozialversicherungsnummer, sowie die persönliche Steuernummer auf dem Formular fehlen. Ich lese auf dem Komparsenbogen noch einmal alles genau durch und überprüfe die Richtigkeit der gemachten Angaben, bevor ich den Zettel unterschreibe und bei der Komparsenbetreuung abgebe. Sie notiert das Datum und die genaue Uhrzeit, unterschreibt ebenfalls den Bogen und gibt mir einen Durchschlag für meine Unterlagen in die Hand. – Mit einem Tschüss in die Runde verabschiede ich mich vom Team und den anderen Komparsen, gehe dann zu meinem Auto und fahre wieder nach Hause. Ein interessanter Drehtag beim „Großstadtrevier" geht zuende.

Ausführliche Informationen zur Serie finden Sie ab der Seite 112ff.

Dreharbeiten fürs „Großstadtrevier" in Hamburg-Altona. Oona von Maydell, Dorothea Schenck (mit dem Rücken zu uns gewandt) und Klaus Manchen beim Dreh.

„Wichtig, aber Fußvolk zugleich"

Wie die vier Erlebnisberichte bereits verdeutlichen, besteht die Aufgabe eines Komparsen im Allgemeinen als sogenannter Bildfüller. Komparsen haben also keine entscheidende und tragende Rollen in einer Film,- und Fernsehproduktion, sondern quasi Beiwerk. Der Begriff Komparse wird in einigen Filmproduktionen zu sehr verallgemeinert und mit dem Job eines Statisten gleichgesetzt. Dazu sollte allerdings verdeutlicht werden, auch wenn sich die Aufgaben des Komparsen und Statisten überschneiden, dass es doch einen kleinen Unterschied zwischen Komparsen und Statisten gibt: im Gegensatz zum Statisten können dem Komparsen kleine individuelle Rollen übertragen werden, teilweise sogar mit etwas Text. Ein Statist hingegen agiert ohne individuelle Rolle, ebenso hat der Statist keine Text-Rolle zu erfüllen.

Beispiel:

Statisten sitzen einfach in einem Cafe oder auf einer Parkbank – ohne Handlung. Als Komparse hingegen muss derjenige Film-Mitwirkende, der eine bestimmte Aufgabe erhällt, zu einem bestimmten Zeitpunkt eine bestimmte Aktion ausführen. Auf ein Zeichen oder Stichwort überreicht ein Komparse als Eis-Verkäufer einem Schauspieler beispielsweise ein Eis. Diese Aktion ist dann eine kleine individuelle Rolle, die zum Geschehen in der Szene beiträgt. Auch Passanten, die in einem bestimmten Moment in ein Geschäft gehen sollen, sind Komparsen. Ob nun aber Statisten oder Kamparsen: sie sind wichtig, aber auch „Fußvolk zugleich". Für Filmemacher sind Komparsen, ohne jetzt alle über einen Kamm scheren zu wollen, ein notwendiges Übel. Komparsen sind Passanten in der Fußgängerzone, Jogger im Hintergrund, Patienten und Pfleger (die in Krankenhausserien durch die Flure schlendern), Hundespaziergänger, Zugreisende auf Bahnhöfen oder beispielsweise Zuschauer auf einer Tribüne in einem Stadion.

Mit Komparsen werden die zu drehenden Szenen lebendiger gestaltet. „Warum nimmt das Drehteam nicht einfach „echte Menschen", die sich sowieso in Nähe des Drehortes aufhalten?", mag sich jetzt so mancher vielleicht fragen. Aber die Antwort ist schnell gegeben – schließlich hat ein jeder das „Recht am eigenen Bild", welches zum Persönlichkeitsrecht gehört. Demnach darf jeder Mensch selbst bestimmen, ob er fotografiert oder gefilmt wird und ob das aufgenommene Material veröffentlicht oder verbreitet werden darf.

Im § 22 des Kunsturheberrechtsgesetz heißt es wörtlich:
Bildnisse dürfen nur mit Einwilligung des Abgebildeten verbreitet oder öffentlich zur Schau gestellt werden. Die Einwilligung gilt im Zweifel als erteilt, wenn der Abgebildete dafür, dass er sich abbilden ließ, eine Entlohnung erhielt. Nach dem Tode des Abgebildeten bedarf es bis zum Ablaufe von zehn Jahren der Einwilligung der Angehörigen des Abgebildeten. Angehörige im Sinne dieses Gesetzes sind der überlebende Ehegatte oder Lebenspartner und die Kinder des Abgebildeten und, wenn weder ein Ehegatte oder Lebenspartner noch Kinder vorhanden sind, die Eltern des Abgebildeten.

Und auch wenn es im § 23 des Kunsturheberrechtsgesetz einige Ausnahmen gibt, die wie folgt beschrieben werden...
(1) Ohne die nach § 22 erforderliche Einwilligung dürfen verbreitet und zur Schau gestellt werden:
1.   Bildnisse aus dem Bereiche der Zeitgeschichte;
2.   Bilder, auf denen die Personen nur als Beiwerk neben einer Landschaft oder sonstigen Örtlichkeit erscheinen;
3.   Bilder von Versammlungen, Aufzügen und ähnlichen Vorgängen, an denen die dargestellten Personen teilgenommen haben;
4.   Bildnisse, die nicht auf Bestellung angefertigt sind, sofern die Verbreitung oder Schaustellung einem höheren Interesse der Kunst dient.
(2) Die Befugnis erstreckt sich jedoch nicht auf eine Verbreitung und Schaustellung, durch die ein berechtigtes Interesse des Abgebildeten oder, falls dieser verstorben ist, seiner Angehörigen verletzt wird

...kommen diese Ausnahmen auf die Mehrheit an Menschen, die zufällig bei Dreharbeiten dabei sind, nicht in Frage. Daher werden Komparsen extra eingekauft, die dann die Aufgabe der Passanten übernehmen. Außerdem wird Wochen nach dem Dreh das Material geschnitten. Da sollten dann auch immer die gleichen Leute im Hintergrund zu sehen sein.
Wie dem auch sei: Komparsen sind ein elementarer Bestandteil bei Dreharbeiten, sie machen den Film oder die Serie lebendig. Kein Schauspieler möchte gerne durch eine Geisterstadt gehen, wenn es im Drehbuch heißt: „Einkaufsbummel in einer belebten Fußgängerzone..."
Dennoch empfinden auch Filmschaffende Komparsen als „Personen, die den Kostenfaktor eines Films in die Höhe schnellen lassen, teils nervige Fragen am Set stellen und laufend umsorgt werden wollen.

Böse Zungen benutzen tatsächlich den Begriff „Fußvolk". Laut Duden ist es eine bedeutungslose Masse (...) im Gegensatz zur Führungsspitze. Wenn die Führungsspitze die Schauspieler darstellen, kommt in der Rangliste als nächstes das Team. Erst dann folgen die Komparsen. Es ist nun mal so. Jeder, der sich als Komparse betätigen möchte, muss sich dieser Hircharchie bewusst sein.

Wo werden Komparsen eingesetzt?

Wie bereits im Vorwort erwähnt, möchten viele Menschen eigene Erfahrungen in der Film- oder Fernsehbranche machen. Der Job als Komparse bietet dabei zum Teil sehr interessante Möglichkeiten, um ein bischen hinter die Kulissen der Filmwelt zu schauen und gegebenenfalls Kontakte zu knüpfen. Zudem können Interessierte einen breitgefächerten Einblick in die verschiedenen Berufe, die am Drehset agieren, bekommen. Die gängigsten Einstiegschancen als Komparse bestehen unter anderem in:

- Fernsehshows
- Fernsehfilmen
- Fernsehserien oder -reihen
- Werbespots
- Kinofilmen
- Comedyserien
- Musikclips beziehungsweise Musikvideos
- Dokumentationen
- Reportagen
- Quizshows
- Talkshows (als bezahltes Publikum)

Als Geheimtipp haben sich besonders die genannten Reportagen und Dokumentationen etabliert. Die Komparsen werden in diesen Filmproduktionen plötzlich zu Laiendarstellern oder sogar zur Hauptperson. Als Beispiel: „Dennis & Jesko – Die Sketchköppe", eine Sketch-Comedyshow, die 2009 bis 2012 im NDR-Fernsehen ausgestrahlt wurde. Oftmals haben sie Komparsen gebucht, die aber so in Szene gesetzt wurden, dass es quasi Hauptakteure waren. Zu Musiktiteln mussten die Lippen bewegt werden – der Zuschauer bekam den Eindruck, der Komparse sang tatsächlich.

Typischer Tagesablauf eines Komparsen

Im Prinzip gleicht sich der Tagesablauf eines Komparsen. Lediglich in Arbeitsbeginn und Arbeitsende unterscheiden sich die Tagesabläufe. Zu einer bestimmten Zeit trudelt der Komparse an einem bestimmten Ort in bestimmten Klamotten mit Wechselklamotten anbei am Set ein.

Bezüglich Beginn und Ende der Komparsentätigkeit entstehen die Unterschiede deshalb, da nicht alle Komparsen in denselben Drehszenen eingesetzt werden. Wer wie lange eingesetzt wird entscheidet vor Ort und meist spontan größtenteils der Regieassistent in Absprache mit Regisseur, Produktionsleitung und Kameramann.

Grundsätzlich sollte jeder Komparse immer damit rechnen, dass er den ganzen Tag eingespannt ist – zwischen acht und zehn Stunden beträgt die durchschnittliche Arbeitszeit eines Komparsen. Je nachdem wie gut Komparsen in der ersten Tageshälfte im Bild und somit später im Fernsehen zu sehen sein werden, und abhängig von der jeweiligen Filmbranche, kann ein Komparseneinsatz auch weit unter acht Stunden liegen.

Wenn von vornherein feststeht, dass Komparsen nur in einer bestimmten Szene benötigt werden, ist es auch möglich, dass dann explizit gesagt wird, dass es ein Kurzdreh ist und dann die Komparsen von vornherein für einen halben Tag gebucht werden. In der Regel müssen Komparsen aber immer damit rechnen, dass sie mindestens acht bis zehn Stunden am Set sind.

Es ist auch möglich, dass sich die Arbeitszeit der Komparsen auf über zehn Stunden beziffert. Gerade bei größeren Kinoproduktionen ist es möglich. Aber: wer in den Genuss kommt, als Komparse in einem Kinofilm mitzuwirken, wird sicherlich eine längere Arbeitszeit in Kauf nehmen und im Nachhinein sagen: „Es hat sich gelohnt."

Als Richtwert sind folgende Arbeitszeiten je Drehtag vorgesehen:
- eine gute Stunde vor dem eigentlichen Drehbeginn sollten sich die Komparsen am Set einfinden (Uhrzeit wird aber im Vorwege explizit gesagt)
- Anmeldung bei der Set-Aufnahmeleitung oder einem Komparsenbetreuer
- Danach Abnahme durch Mitarbeiter aus Garderobe und Maske
- Einteilung und Aufgabenbesprechung der Komparsen
- Warten im Komparsenraum oder Aufenthaltsbus, bis der Drehbeginn eingeläutet wird
- Mitteilung über die Aufnahmeleitung oder Komparsenbetreuung zum

Bereitmachen für den Dreh der Filmszene
- Die Komparsen werden direkt ans Set gebracht und bekommen exakte Plätze und Aufgaben zugewiesen
- Beginn der zu drehenden Szene mit eventueller mehrmaliger Wiederholung (Proben und Drehs)
- Ist die Szene im Kasten, heißt es für die Komparsen: zurück in den Komparsenraum oder Aufenthaltsbus
- optionaler Dreh einer weiteren Szene
- Mittagspause für Filmcrew und Komparsen
- Warten bis zum Beginn einer weiteren Filmszene (einige haben jetzt eventuell bereits Drehschluss, neue Komparsen stoßen eventuell hinzu)
- Nach Drehschluss ziehen sich die Komparsen wieder um, tragen dann ihre Alltagsklamotten
- Komparsen bekommen Gagenscheine ausgehändigt, die komplett ausgefüllt werden müssen. Es gibt kaum noch Produktionen, die die Gage in bar vor Ort auszahlen
- der ausgefüllte Komparsenbogen (Gagenschein) wird abgegeben und vom Komparsenbetreuer gegengezeichnet
- Damit die Komparsen in guter Erinnerung bleiben, sollten sie sich vernünftig vom Komparsenbetreuer und Regieassistenten verabschieden...

Dreharbeiten für einen Werbespot in Hamburg. Was aussieht wie Passanten, die an einem parkenden Fahrzeug vorbeilaufen, sind in Wirklichkeit bezahlte Komparsen.

Allgemeines über Komparserie

Es spielt keine Rolle, ob es sich um einen aufwendigen Kinofilm oder um einen Fernsehfilm, eine Fernsehserie, Unterhaltungsshow, eine Talksendung oder Doku-Soap handelt (Seite 51). Alle Formate haben eine Gemeinsamkeit: Die engagierten Schauspieler allein füllen das Projekt noch nicht aus. Um eine Szene mit Leben zu erwecken kann keine Produktion ohne Komparsen auskommen.

Komparsen brauchen keine besondere Ausbildung. Sie können auch ohne Schauspielausbildung im Rampenlicht stehen – der eine mehr, der andere weniger. Auch Alter oder Aussehen spielen in den meisten Fällen keine Rolle, ob Aufträge als Komparse folgen oder nicht. Viele Produktionsfirmen wollen die breite Masse an Komparsen im Bild haben. Wie im richtigen Leben. Groß, klein, dünn, dick, jung, alt – wichtig dagegen ist, dass ein jeder Komparse Geduld mitbringt und schlicht und einfach verlässlich ist. Dem Filmteam ist nicht geholfen, wenn ein Komparse morgens um sechs Uhr den Termin absagt und die Filmcrew auf Biegen und Brechen einen Ersatz bekommen muss. Wohlgemerkt morgens um sechs. Wenn dies häufiger vorkommt, ist es logisch, dass keine Folgeaufträge als Komparse folgen.

Ob der Job als Komparse ausschließlich wegen des Geldes gemacht wird, sei in Frage gestellt. Wer vor hat, mit der Tätigkeit Geld zu verdienen, sollte sich vor Augen halten, das Komparsen meist pauschal mit einem Tagessatz bezahlt werden. Über den Daumen gepeilt liegt dieser Satz meist um die 60 Euro. Reich wird ein Komparse also davon nicht, zumal ja noch gegebenenfalls Steuern und weitere Kosten abgezogen werden. Die Anfahrt zum Drehort beispielsweise muss aus eigener Tasche bezahlt werden.

Auf der anderen Seite gibt es bei manchen Produktionen auch Zuschläge für Nachteinsätze oder Drehtage, die über 22 Uhr hinaus gehen. Zudem winkt ein Zuschlag, wenn das eigene Fahrzeug, eigene Arbeitskleidung, eigene Ausrüstung oder auch Tiere zum Set mitbringen. Wenn zum Beispiel eine Szene gedreht wird, in der ein Klemptner eine Toilette reinigen soll, bekommt der Komparse für das selbst mitgebrachte Material einen Zuschlag von etwa 20 Euro. Allerdings ist auch möglich (bei No-Budget oder Low-Budget-Filmen), dass es gar kein Honorar gibt.

Apropos mit Komparsenjobs Geld verdienen: aus aktuellem Anlass hier gerne ein paar Erläuterungen zur Abrechnung der sogenannten kurzfristigen unständigen Beschäftigung im Rahmen der 70-Tage-Regelung (kein Minijob): Darsteller (Komparse, Statist, Kleindarsteller oder Schauspieler) sind weisungsgebunden und können deshalb keine Rechnung stellen. Nicht weisungsgebunden sind dagegen unter anderem Regisseur, Aufnahmeleiter, Kostümbildner, Mitarbeiter aus dem Bereich Maske (Visagisten), Kameramann.

Die Film- und Fernsehproduktionen haben grundsätzlich ein Wahlrecht zur Art der Abrechnung:
a) Auf Lohnsteuerkarte als befristete Tätigkeit
b) als Minijob
c) als kurzfristige unständige Beschäftigung

Ausführliche Informationen zu dem Thema finden sich im Internet unter www.mecon.tv
www.adag.tv

Jetzt werden Sie sich aber bestimmt fragen, wie Sie überhaupt an Aufträge als Komparse kommen – erst dann folgt bekanntlich die Abrechnung. Diese Frage ist ganz einfach zu beantworten: Googeln Sie den Begriff „Komparsenjobs" oder „Komparsen gesucht" und Sie stoßen auf eine ganze Menge Angebote.

Drei interessante Homepage können Sie gerne direkt anklicken:

www.komparsenjob.de   Es ist eine Datenbank für Komparsen, Kleindarsteller, Models und Promoter. Auf der Plattform können sich Interessierte mit einem Eintrag unter anderem als Model oder für Promotionjobs vermitteln lassen. Es wird eine kostenpflichtige Club-Mitgliedschaft angeboten, mit der der Interessent eine Setcard bekommt.

www.komparse.de   Die Metasuchmaschine für Komparsen- und Statistenjobs bündelt zahlreiche Gesuche von mehr als 150 Agenturen und Produktionsfirmen aus ganz Deutschland und bietet Komparsenrollen für jedes Alter bundesweit an.

www.Castingpartner.de   Die Homepage informiert regelmäßig über aktuelle Castingtermine von verschiedenen Produktionsfirmen. Adressen und Termine sind allerdings nur für Mitglieder reserviert und können im

Mitgliederbereich von registrierten Bewerbern eingesehen werden. Es ist aber eine kostenlose Registrierung möglich, bei der die Kontaktdaten in eine Datenbank aufgenommen werden. Interessierte stehen mit der kostenlosen Registrierung ausschließlich für Castingaufträge zur Verfügung.

Dies sind exemplarisch drei ausgesuchte Internetseiten, auf denen Jobs für Komparsen regelmäßig angeboten werden.

Eine weitere Möglichkeit sind Agenturen für Komparsenjobs. Dort können sich Interessierte registrieren und in eine Kartei aufnehmen lassen. Zunächst sollte ein ausführlicher Fragebogen komplett ausgefüllt werden. Von A wie Alter über Name, Wohnort, Erfahrungen als Komparse und vielem mehr bis hin zu Z wie Zeitplanung sollten hier möglichst viele Angaben gemacht werden. Wichtig sind zudem auch immer Fotos von einem selbst. Meistens sind Fotos sogar zwingend notwendig, um überhaupt einen Fragebogen abschicken zu können. Aber das ist von Agentur zu Agentur verschieden. Meist benötigt die Agentur ein aktuelles Portraitfoto (Format: Hochkant, Farbe) sowie ein oder zwei Ganzkörperfotos, die ebenfalls neueren Datums sein sollten.

Nach dem Ausfüllen des Fragebogens und dem anschließenden Abschicken erhält der Interessent meistens eine Bestätigungs-E-Mail an die im Fragebogen angegebene E-Mail-Adresse. In den meisten Fällen sollte dann das E-Mail-Postfach geöffnet und die Mail empfangen und gelesen werden. Danach muss meist die Anmeldung mit einem angegebenen Aktivierungs-Link bestätigt beziehungsweise abgeschlossen werden. Erst danach werden die Daten an das Casting-Team (die Agentur) übersandt.

Das Team der Agentur bestätigt dann in den meisten Fällen die Anmeldung, überprüft die Bewerbung samt Fotos, bevor die potentiellen Komparsen in die Kartei aufgenommen werden.

Dann heißt es für den Komparsen in spe warten, warten, warten.

Es gibt Agenturen, die mit den Stammdaten aktiv Kunden (also die Film- und Fernsehproduktionsunternehmen) anwerben und dann mit den Fotos versuchen, Komparsen zu vermitteln. Andere Agenturen hingegen agieren eher passiv. Warten also darauf, dass eine Produktionsfirma auf deren Homepage gestoßen ist und Interesse an einigen Gesichtern hat. Dementsprechend lohnt es sich schon, in mehreren Karteien zu sein – das erhöht um ein vielfaches die Wahrscheinlichkeit, dass Komparsenaufträge erfol-

gen. Sprich: Komparsen sollten in mehreren Agenturen vertreten sein. Tipp: Einfach nach den Begriffen „Agentur" und „Komparsen" googeln und schon stoßen Sie auf diverse Unternehmen, die Komparsen vermitteln. Einen kurzen Überblick finden Sie beispielsweise unter www.casting-verzeichnis.de/Agenturen/Komparsenagenturen/.
Auch wenn auf Seite 99ff noch einmal explizit auf das Thema eingegangen wird, ist es auch hier schon ganz wichtig zu erwähnen: entscheiden Sie sich keinesfalls für eine Agentur, die Gebühren nimmt!
Bitte nehmen Sie sich folgenden Grundsatz zu Herzen: Sie handeln quasi als Arbeitnehmer (wenn auch als Komparse nicht berufsmäßig). Also steht Ihnen Geld zu, nicht dem Arbeitgeber (also einer Agentur). Bedenken Sie immer, dass die Agentur ihr Geld verdient durch Verträge zwischen den einzelnen Produktionsfirmen – nicht durch die Komparsen. Alles andere ist unseriös. Lassen Sie unbedingt die Finger weg von solchen Agenturen. Mehr zu diesem Thema ab Seite 99.

Dreharbeiten: Ein Kameramann sitzt auf einem Dolly, der sich auf Schienen bewegen lässt. Zwei Assistenten bewegen den Dolly hin und her. Daneben stehen weitere Crew-Mitglieder aus Maske, Regie-Assistenz, Requisite, Ton sowie Technik.

Wenn Sie eine oder zwei Agenturen gefunden und sich dort registriert haben, brauchen Sie zunächst Geduld. Das Telefon klingelt nicht gleich am Tag danach. Und auch das E-Mail-Postfach empfängt nicht gleich zwei Tage nach der Anmeldung Komparsenjobs – zumindest ist es nicht der Regelfall.

Aber bestimmt wird der Tag kommen, an dem Sie als Komparse angefragt werden. Die Agentur fragt dann meistens, ob Sie an einem entsprechenden Tag überhaupt Zeit und Lust haben, als Komparse mitzumachen. Sagen Sie ja, folgen die Einzelheiten. Grob wird meist telefonisch oder per Mail skizziert, was als Komparse auf Sie zukommt und was Sie zu tun haben werden.

Am Drehtag selbst werden Sie von der Regieassistenz oder einem Komparsenbetreuer am Set exakt angeleitet. Dabei ist oftmals keine Zeit für lange Erklärungen und ellenlangen Wiederholen. Hören Sie immer aufmerksam zu und führen Sie Ihre Aufgabe so präzise wie möglich aus. Ist die Probe oder der Dreh beendet, nehmen Sie schnell wieder Ihre Ausgangsposition ein, wenn es erforderlich ist. Die Kommandos am Set sind eindeutig. Der Regisseur ruft ein klar und deutliches „Bitte" in die Runde. Dies ist das Zeichen für alle Beteiligten, ihre entsprechende Aktion durchzuführen. Der Kameramann macht seine Aufnahmen, der Ton schneidet die Geräusche mit, die Schauspieler sprechen ihren Text runter und die Komparsen erledigen ihre Jobs.

Eine geprobte oder gedrehte Szene ist zu Ende, wenn der Regisseur das Kommando „Danke, Aus" oder „Abgebrochen" oder „Cut" gibt. Dies sind die gängigsten Begriffe, wobei manche Filmteams auch andere Wörter benutzen. Welche Wörter auch benutzt werden: Der Sinn der Kommandos ist aber immer derselbe und soll allen Beteiligten zu verstehen geben, wann eine Szene beginnt und wann deren Ende ist.

Es kann nicht oft genug erwähnt werden, deshalb steht es in diesem Buch auch mehrfach drin: Schauen Sie während des Drehs nie direkt in die Kamera. Wenn Sie als Spaziergänger in Richtung der Kamera gehen sollen, so schauen Sie gerne zum links oder rechts stehenden Assistenten. Niemals aber ins „schwarze Loch" (dem Objektiv) der Kamera.

Sie sollten als Komparse mit teils langen Wartezeiten rechnen und viel Geduld mitbringen.

Tipp: Eine Tageszeitung, ein gutes Buch oder eine interessante Broschüre sind immer hilfreich, Wartezeiten zu überbrücken. Grund für die Wartezeiten sind meist Technik-Umbauten, Schauspielerproben oder Requisiteneinrichtung. Grundsätzlich gibt es immer angemietete Aufenthaltsräume oder Aufenthaltsfahrzeuge am Set zur Verfügung. Dort können sich Komparsen, wenn sie nicht gerade im Einsatz sind, zurückziehen. Vor allem sollten Komparsen dort auch jederzeit ansprechbar sein. Oft wird direkt während des Drehs noch auf weitere Komparsen zurückgegriffen. Wären jetzt die Komparsen meilenweit verteilt (der eine raucht, der andere geht noch mal schnell einkaufen, der andere vertritt die Beine), müsste das Team großartig nach den Komparsen suchen.

Auch in den Aufenthaltsräumen sollten sich Komparsen zurückhaltend und vor allem leise verhalten. Nichts ist schlimmer, wenn die Arbeit des Filmteams durch Suche nach Komparsen oder Lärm beeinträchtigt werden. Dies könnte eine Beschwerde seitens der Filmcrew an die Komparsenagentur zur Folge haben. Schlussendlich könnte ein Vertrag zwischen der Produktion und der Agentur gekündigt werden. Dies wiederum würde weniger Komparsenaufträge bedeuten – eine negative Kettenreaktion, die letztendlich alle Komparsen betrifft.

Am Set sind meist Kaltgetränke vorhanden, dennoch lohnt es sich, einige Getränke und vorallem Kleinigkeiten zu essen selbst mitzubringen. Kleine Snacks oder Süßigkeiten versüßen den Drehtag zusätzlich.

Bereits im Vorwege wird den Komparsen mitgeteilt, was sie anzuziehen haben. Zudem folgt immer die Anweisung, mindestens eine doppelte Garderobe in einer Extratasche mitzubringen. Dabei sind kleingemusterte, grelle und durchgehend schwarze oder weiße Garderobe nicht gern gesehen. Achten Sie bitte bei der Auswahl Ihrer Kleidung auch darauf, dass keine auffälligen Logos zu sehen sind.

Tipp: Erfahrene Komparsen nehmen in den kalten Monaten stets eine extra-warme Jacke oder einen dicken Schal mit zu den Dreharbeiten. Schließlich kann einem an langen Drehtagen auch schnell mal kalt werden.

In Hamburg nutzen diverse Produktionsfirmen solche Aufenthalts- oder Kantinenbusse. In ihnen sitzen meist die Komparsen und verbringen ihre Wartezeit und Mittagspause.

Die Frage nach dem Verdienst eines Komparsen spielt für die meisten eine wichtige Rolle. Niemand arbeitet heute mehr für umsonst, auch wenn niemand von den Komparsenjobs reich wird.

Laut Mindestlohnvereinbarung vom 1.1.2015 gilt auch für Komparsen und Kleindarsteller ein Stundensatz von mindestens 8,50 € brutto. Darauf basierend gibt es in der Regel zwei Buchungsmodelle:

So werden Drehtage bis sieben Stunden in der Regel mit 60 Euro vergütet und Drehtage bis 10,5 Stunden (inklusive einer Pause) werden in der Regel mit 85 Euro bezahlt. Jede weitere Stunde wird mit 8,50 € vergütet.

Zuschläge, etwa für Sprech-, Spielzulagen, Nachtdrehs, extra gebuchte Autos, spezielle Arbeitskleidung oder beispielsweise Tiere, werden projektbezogen mit der Komparsenagentur vereinbart. Erfahrungsgemäß werden in der Regel Zuschläge von einmalig 20 Euro fürs Mitbringen beispielsweise eines Fahrrades gezahlt. Letztendlich ist es aber alles Verhandlungssache. Wenn Komparsen sogar extra einen Text auswendig lernen und dann vortragen sollen, können auch mal gut und gerne Beträge von weit mehr als 100 Euro bei der Verhandlung raus kommen.

Die Komparsentätigkeit wird als kurzfristige Beschäftigung (nicht geringfügige Beschäftigung) abgerechnet. Es handelt sich um Gagen, von denen entsprechend der Steuerklasse des Komparsen ein Lohnsteuerbetrag abgeführt wird. Meistens sind die Tätigkeiten sozialversicherungsfrei. Die Komparsen erhalten eine Abrechnung und haben die Möglichkeit die abgeführte Lohnsteuer über einen Jahresausgleich wieder erstattet zu bekommen. Tipp: Auch die Fahrtkosten zum Drehort sind ebenfalls absetzbar.

Diese Regelung gilt bis zu 70 Arbeitstagen als Komparse beziehungsweise Kleindarsteller pro Jahr und einer Tagesgage bis 500 Euro.

Wer als Komparse vor der Kamera stand, bekommt nach dem Drehschluss einen Gagenschein, der am Drehort ausgeteilt und von den Komparsen ausgefüllt wird. Darüber läuft dann die Abrechnung für den jeweiligen Drehtag. Die Gage wird in der Regel wenige Arbeitstage später überwiesen (meistens drei Wochen).

Deshalb sollte jeder Komparse stets seine aktuelle Kontoverbindung (mit BIC und IBAN) sowie die Sozialversicherungsnummer und Steuer-ID parat zu haben. Schüler, Studenten und Rentner brauchen außerdem einen aktuellen Statusnachweis (Kopie).

Komparsenwitze

Pressetermin bei aktuellen Dreharbeiten. Fragt ein Journalist den Regisseur: „Wie drehen Sie diese Massen-Prügelszenen in Kung-Fu Filmen?" Regisseur: „Ganz einfach. Wir heuern 1.000 Komparsen an und sagen ihnen, dass wir nur für 500 Komparsen was zu essen da haben. Und schon gehts los".

In einem Studio wird ein Film über das alte Rom gedreht. Ruft der Regisseur einem Komparsen zu: „Hey Sie, nehmen Sie gefälligst Ihre Armbanduhr ab!" – Der Komparse antwortet: „Das brauche ich nicht, die hat römische Ziffern!"

Ein Komparse arbeitet sich hoch und bekommt seine erste Rolle als Schauspieler. Stolz verkündet er: „Ich spiele einen Ehemann, der seit 25 Jahren verheiratet ist." „Nicht schlecht für den Anfang", meint sein Vater. „Vielleicht bekommst Du das nächste Mal sogar eine Sprechrolle."

An der kalifornischen Küste wird ein Western gedreht. Zwischen Weißen und Rothäuten findet ein großer Kampf statt. „Sie geben ja Unmengen für die Komparsen aus", sagt ein Zuschauer zu dem Produzenten und fragt nach: „Was müssen Sie denn hinterher den ganzen Komparsen an Gage bezahlen?"
„Halb so schlimm", sagt der Produzent, „am letzten Drehtag lasse ich einfach die Platzpatronen gegen scharfe Munition eintauschen."

Dreharbeiten in einem Kinosaal in München. Mehrere Komparsen spielen Zuschauer, die sich einen Kinofilm anschauen. „Ein anstrengender Film", seufzt Katharina nach der Kinovorführung, „vier Mal musste ich im Kino den Platz wechseln."
„Wieso das denn", fragt ihre Freundin, hat dich jemand belästigt?"
„Ja, aber erst der Vierte."

An einem heißen Sommertag wird in Stuttgart eine Folge einer bekannten Krimiserie gedreht. Schauspieler und Komparsen haben Durst. Ein Crewmitglied kommt mit einer Kiste Wasser ans Set: „Hier habt ihr stilles Wasser – extra für Dreharbeiten..."

Begriffe aus Film und Fernsehen

Arc – Der Begriff Arc beschreibt im Zusammenhang mit TV-Serien den Handlungsbogen.

Aufnahmeleitung – Beim 1. Aufnahmeleiter laufen Informationen und Organisation zusammen. Ob Planung, Organisation und Durchführung von Dreharbeiten; er ist verantwortlich dafür, dass am Set alle Mitarbeiter, Darsteller und Komparsen stets drehbereit sind. Meistens hat der 1. Aufnahmeleiter noch einen Set-Aufnahmeleiter vor Ort, der für den vorgesehenen Ablauf und für Ruhe sorgt. Der 1. Aufnahmeleiter stellt die Tagesdisposition in Zusammenarbeit mit der Regie-Assistenz und allen anderen Crew-Mitgliedern aus den Bereichen Kamera, Ton, Technik, Ausstattung, Maske und Garderobe zusammen. Außerdem erstellt er die Fahrdisposition. Ferner passt er den Drehplan möglichen Veränderungen an, wenn beispielsweise ein Außendreh bei schönem Wetter ansteht, es aber in Strömen regnet. Dann informiert er sämtliche Beteiligten.
Im Vorwege organisiert der Aufnahmeleiter die Verpflegung und holt sämtliche Genehmigungen, wie die Drehgenehmigung und Sperrungen für Parkplätze, ein.

Besetzung – Der zu drehende Film oder die zu drehende Serie wird mit Schauspielern besetzt.

B-Prominenz – Es gibt Filme oder Serien, die mit hochkarätigen Prominenten besetzt sind. Sie wurden im Laufe ihrer Karriere mit Preisen ausgezeichnet und haben einen gewissen Marktwert. Bei B-Prominenz hingegen sind eher die Schauspieler gemeint, die nicht zur „ersten Garde" gehören.

Briefing – Mit dem Begriff „Briefing" (Englisch = zusammenfassende Darstellung) ist eine Einsatzbesprechung vor oder während der Dreharbeiten gemeint. Alle Teilnehmer bekommen einen Tagesablauf (Disposition) und empfangen somit Weisungen für ihre jeweilige Einzelaufgabe im Rahmen des Drehs.
Dabei werden gegenseitig alle Informationen ausgetauscht, die zum Erledigen der Aufgabe notwendig sind. Meist gibt der Aufnahmeleiter ein solches Briefing vor dem Dreh ab.

Crew – Sie besteht aus vielen Mitgliedern: Schauspieler, Maskenbildner, Kameramann, Beleuchter, Fahrer für die Darsteller, Aufnahmeleiter, Tontechniker und Requisiteur. Nicht zu vergessen der oder die Regisseurin, sowie Produktionsleiter und viele Menschen, die Straßen absperren oder für sonstige Angelegenheiten abgestellt werden. In der Regel besteht eine Filmcrew aus etwa 20 bis 25 Mitarbeitern, die direkt am Set zu finden sind. Hinzu kommen noch weitere Personen im administrativen Bereich.

Directors Cut – Eine Folge, wie sie schlussendlich im Fernsehen zu sehen ist, entspricht nicht immer den Vorstellungen des Regisseurs. So betrifft es unter anderem die Anzahl der verwendeten Szenen oder die so genannten E-Shots. Dies sind bei Filmen oder Serien Einstellungen, die als zeitlose Zwischeneinblendungen verwendet werden.

Einschaltquote – Sie ist ein Indikator der Fernsehnutzung. Die Einschaltquote gibt (angegeben in Prozent oder Millionen) an, wie viele Fernsehgeräte in den Fernsehhaushalten eines bestimmten Gebiets innerhalb eines bestimmten Zeitintervalls durchschnittlich eingeschaltet waren. So lassen sich Werte ermitteln um hinterher sagen zu können, wie viele Personen geschätzt eine bestimmte Sendung/Serie/Film gesehen haben. In der Bundesrepublik wird der Wert in einem repräsentativen Panel (bestimmter gleichbleibender Kreis von Personen) von Haushalten mit Messgeräten der Gesellschaft für Konsumforschung (GfK, Marktforschungsinstitut mit Sitz in Nürnberg) kontinuierlich erhoben. Er ist nach Programmen und Sendungen differenzierbar.

Folge – Eine TV-Serie hat eine klare Struktur: so ist die Serie die gesamte Produktion von der ersten bis zur letzten Filmminute. Sie unterteilt sich in Staffeln, die pro Saison (meistens pro Jahr) erstellt und ausgestrahlt werden. Diese Staffeln sind die Zusammenstellung der jeweiligen Folgen. Beispiel: Die Serie „Küstenwache" umfasst 17 Staffeln, die von 1997 bis 2014 in Schleswig-Holstein gedreht wurde. 285 Folgen wurde bis zum Erscheinungsdatum dieses Buches ausgestrahlt.

Filmautos – Das sind Fahrzeuge, die in den Serien und Filmen zu sehen sind. Sie sind mit Aufschriften von fiktiven Firmen versehen und haben Requisiten-Kennzeichen. Um Schleichwerbung zu vermeiden, werden zum Beispiel in einer Szene, wo ein Möbellaster vor einem Wohnhaus steht, keine echten Möbelfahrzeuge eingesetzt. Es wird stattdessen ein normaler LKW angemietet und mit einem Aufkleber mit einem fiktiven Möbelunternehmen beklebt. Ähnlich verhält es sich bei Einsatzfahrzeugen von Polizei oder Rettungsdiensten. Die Behörden können nicht dauerhaft Fahrzeuge zur Verfügung stellen, daher mieten sich Filmproduktionen Pkw, die dann so aussehen wie echte Einsatzfahrzeuge.

Links: So sieht das Filmfahrzeug aus, wenn es auf öffentlichen Straßen unterwegs ist. Die Aufschrift „Polizei" an den Seitentüren und der Motorhaube sind abgeklebt, das Blaulicht wird verhüllt und die Behördenkennzeichen abgeschraubt.
Auf dem Foto rechts ist der Streifenwagen so, wie er auch im Fernsehen zu sehen ist: mit Aufschrift und Blaulicht.

Fans – Sobald irgendwo eine Kamera aufgestellt wird, die Beleuchter ihr Licht ausrichten und andere Mitarbeiter der Filmcrew ihrem Job nachgehen, dauert es nicht lange bis die ersten Fans der Serie/des Films kommen, um die Dreharbeiten live mit zu erleben und vor Ort den Schauspielern über die Schulter zu blicken.

Filmklappe – Vor jeder Einstellung wird sie von einem Assistenten „geschlagen". Auf der Filmklappe befinden sich generell Angaben wie Ort, Datum, Szene und die Anzahl an Wiederholungen einer Szene. Zudem ist der Name des Regisseurs und des Kameramanns zu lesen.

Filmset – Das Filmset bezeichnet in der Regel die Gesamtheit der an einem Drehort agierenden Personen, der technischen Ausrüstung und aller Dinge (Fuhrpark, Requisiten, etc.), die zum Drehen eines Films notwendig sind. Das Filmset ist oftmals weiträumig (zum Teil mit Flatterband) abgesperrt.

Geräuschkulisse – Sie umschreibt die Summe aller Geräusche, die in einer Serie/eines Films eingesetzt werden oder – die in der ersten Version der Nachproduktion (Post-Produktion) zu hören sind. Wind, Dialoge der Darsteller, Geräuschkulisse von Passanten oder beispielsweise Tiergeräusche.

Halbtotale – Bei der Halbtotalen handelt es sich um eine Größe einer Kamereinstellung. Zeigt die Totale den gesamten Handlungsraum einer Szene (Gesamtaufnahme), löst die Halbtotale die handelnden Protagonisten (Schauspieler, Komparsen) als Ganzes aus der weiteren Umgebung heraus. Dabei wird aber ein gewisser Spielraum gewährt. Der Zuschauer bekommt noch etwas von der Umgebung mit. Im Gegensatz zurm Full Shot. Der Full Shot ist eine besondere Form der halbtotalen Einstellung. Er zeigt nur die Personen und wenig oder gar nichts von deren Umgebung. Anbei folgendes Beispiel:

Totale: *Hardy Krüger junior und Gerit Kling sind an den Landungsbrücken in Hamburg. Die Kamera fängt beide ein, so dass der Zuschauer aber noch die Elbe, ein Schiff und den Anlegeponton zu sehen bekommt.*

Halbtotale: *Der Fernsehzuschauer bekommt Hardy Krüger junior und Gerit Kling in der Halbtotalen zu sehen.*

Full Shot: *Hardy Krüger junior und Gerit Kling sind fast ohne Umgebung zu sehen.*

IMDB – eine der größten Filmdatenbanken im Internet mit Infos zu Schauspielern, Filmen und Biografien.

Jugendschutz – Im Jahr 1951 trat das erste Jugendschutzgesetz der Bundesrepublik Deutschland in Kraft. Demnach sollen alle Filme nach verschiedenen Altersgruppen bis zu 10, von 10 bis 16 und ab 16 Jahren eingestuft werden. 1957 folgte eine Novelle des Jugendschutzgesetzes. Seitdem gibt es modifizierte Alterseinstufungen: freigegeben ab 6, ab 12, ab 16 und ab 18 Jahren. Eine weitere Novellierung des Gesetzes zum Schutze der Jugend in der Öffentlichkeit folgte im Jahr 1985. Seitdem ist eine Angabe der Altersfreigabe für Videofilme und vergleichbare Bildträger gesetzlich festgeschrieben.

Kamerateam – Zum Kamerateam gehören alle diejenigen, die unmittelbar mit der Kamera zu tun haben und diverse Arbeiten im Umfeld der zu drehenden Szene erledigen. Zu ihnen gehören der Leitende Kameramann, ein Kameraassistent, meist ein spezieller Schärfenzieher (ebenfalls Kameraassistent), der Kamerabühnenmann, der Operateur des Dollys (Kamerawagen), sowie je nach Produktion ein zweiter Kameramann mit jeweils einem Assistenten.

Komparse – Immer wenn irgendwo gedreht wird, sucht das jeweilige Produktionsteam Komparsen. Es sind kleine, stille Rollen im Hintergrund. Beispielsweise den Schauspielern beim Spaziergang entgegenlaufen, in einer Arztpraxis im Wartezimmer sitzen, ander Bushaltestelle auf einen Bus warten. Sie sind wichtig und geben einer Szene Leben. Komparsen sind die personale Dekoration einer Filmkulisse.

Kostüme – Sämtliche Kleidungsstücke und Accessoires der Schauspieler und Komparsen bilden das so genannte Kostümbild. Im Vorwege wird bereits bei der Planung zu einer Serie oder eines Films überlegt, welche Kostüme die Protagonisten tragen sollen. Das Kostümbild wird schon früh mit den Mitarbeitern aus dem Bereich Maske und vor allem der Ausstattung abgestimmt.

Kurzfilm – In Deutschland hat sich als Definition eines Kurzfilmes etabliert, dass alle Filme bis zu einer Länge von 30 Minuten als Kurzfilme bezeichnet werden.

Licht – bei Filmaufnahmen spielt das Licht eine erhebliche Rolle. Auch wenn die Sonne scheint, werden zusätzliche Scheinwerfer und Styroporplatten aufgebaut. Was für den Laien meist zu Unverständnis führt, sind Scheinwerfer bei Dreharbeiten elementar. Wo viel Licht durch Sonneneinstrahlung vorhanden ist, fällt auch Schatten. Um genau diesen Schatten im Gesicht des Darstellers wegzubekommen, wird mit Gegenlicht gearbeitet. Dafür sind dann Scheinwerfer oder Styroporplatten da.

Location – Mit diesem Begriff ist der Drehort gemeint, der für bestimmte Szenen verwendet wird. Zuständig für die Auswahl der Locations ist ein Location-Scout, der sich auf Basis des Drehbuches überlegen muss, wo die Produktion welche Szenen drehen kann. Dabei spielen Parkplatzsituation, Verfügbarkeit oder beispielsweise die Größe der Fläche / des Raumes eine große Rolle. Auch das Budget entscheidet tatkräftig mit, wo das Filmteam Außendrehs durchführt oder ob stattdessen im Studio gedreht wird. Viele Produktionen legen großen Wert darauf, dass an Originalschauplätzen und nicht in einem Studio gedreht. Lediglich Innenaufnahmen drehen sie dann in einem Studio. So wirkt eine Serie oder ein Film authentisch.

Maskenbildner – sind bei Filmaufnahmen unabdingbar. Damit die Schauspieler im Fernsehen so rüber kommen, wie sie in Wirklichkeit sind, müssen sie geschminkt werden. Ansonsten würden sie auf dem Bildschirm glänzen und eine „falsche Hautfarbe" haben.

Markierungen – Bei Dreharbeiten werden oft kleine Marken (farbiges Klebeband, kleiner Sandsack) während der Proben auf dem Boden angebracht, an denen die Schauspieler erkennen können, wo sie in der Szene exakt stehen müssen, damit sie der Kameramann bestens einfangen kann.

Massenszenen – Ob Demonstrationen, Marathonläufe oder beispielsweise eine Szene in einem Stadion: Massenszenen zeigen stets eine große Menschenmenge. Sie gehören zur Inszenierung mancher Formen der Öffentlichkeit zur Darstellung besonders großen Andrangs. Da solche Massenszenen relativ teuer sind, greifen heutzutage Produktionsfirmen auf Archivaufnahmen zurück. Oder es wird nur eine kleine Anzahl an Komparsen gebucht, die hinterher bildtechnisch so geschnitten werden, dass der Zuschauer den Eindruck bekommt, es würde sich um eine größere

Masse handeln. Es gibt auch Produktionsunternehmen, die derartige Aufnahmen in Ländern drehen, in denen die Tagessätze für Statisten/Komparsen um ein Vielfaches niedriger sind als bei uns in Deutschland.

Nebendarsteller – In jedem Film / jeder Serie gibt es Hauptdarsteller. So zählten als Beispiel in der Krimiserie „Ein Fall für Zwei" (ZDF) in den Folgen 182 bis 300 Claus Theo Gärtner (als Josef Matula) und Paul Frielinghaus (als Dr. Markus Lessing) zu den Hauptdarstellern, während in diesen Folgen fast unzählige Nebendarsteller auftauchten. Also Darsteller, die jeweils nur für eine Folge mitspielten und deren Handlung nicht im Vordergrund stand.

Nachaufnahme – Bei einer Nachaufnahme (einem Nachdreh) handelt es sich um eine nachträgliche Wiederholung von Aufnahmen, die sich bei der Sichtung als ungenügend oder fehlerhaft erwiesen haben. Beispiel: am späten Nachmittag fängt es an zu regnen, es sind keine Aufnahmen mehr möglich. An dem eigentlichen Drehtag folgenden Tag werden dann Nachaufnahmen durchgeführt. Es kommt auch vor, dass Szenen nachgedreht werden müssen, die nach Abschluss der eigentlichen Dreharbeiten nachgeholt werden müssen. Dies kann zum Beispiel sein, wenn diese Aufnahmen entweder als zusätzliches Material benötigt werden oder die vorhandenen Aufnahmen nicht verwendbar sind (weil ein Fussel auf der Linse war, die Schärfe nicht stimmte oder beispielsweise irgend etwas im Hintergrund zu sehen ist, was nicht zu sehen sein sollte).

On-Set-Dekorateur – Bei der Produktion einer TV-Serie gibt es Produktionsdesigner, Bühnenausstatter, Set-Designerin und andere Mitglieder eines Teams, die die Bühnenbilder im Vorwege planen und gestalten. Am Set selbst ist der On-Set-Dekorateur, der situativ schnell handeln kann, wenn die Dekoration geändert werden soll. Große Veränderungen sind eher selten, denn der Regisseur spricht sich im Vorfeld mit dem Produktionsdesigner ab.

Oberlicht – Dabei handelt es sich um Beleuchtung eines Protagonisten oder eines Set durch Lichtquellen unmittelbar, die von oben kommt. In einem Fernsehstudio sind Scheinwerfer montiert: das ist Oberlicht.

Objektiv – Bei einer Filmkamera wird die Eintrittsöffnung fürs Licht als

Objektiv bezeichnet. Ein Objektiv besteht fast immer aus mehreren Linsen (Sammel- und Zerstreuungslinsen) und mehreren Spiegeln.

Panoramafreiheit – Die Panoramafreiheit (auch Straßenbildfreiheit) regelt in Deutschland, dass jedermann urheberrechtlich geschützte Werke (Denkmäler, Gebäude, Kunst im öffentlichen Raum, Statuen) von öffentlichem Grund und Boden aus bildlich wiedergeben darf, ohne dass hierfür der Urheber des Werkes um Erlaubnis gefragt werden muss. Gemäß § 59 Urheberrechtsgesetz (UrhG) heißt es für alle Fotografen oder Filmenden: Werke an öffentlichen Plätzen, Abs. 1: „Zulässig ist, Werke, die sich bleibend an öffentlichen Wegen, Straßen oder Plätzen befinden, mit Mitteln der Malerei oder Grafik, durch Lichtbild oder durch Film zu vervielfältigen, zu verbreiten und öffentlich wiederzugeben. Bei Bauwerken erstrecken sich diese Befugnisse nur auf die äußere Ansicht.“

Parallelfahrten – Die Filmcrew spricht von Parallelfahrten, wenn die Kamera in einem festen Winkel neben dem sich in gleicher Richtung bewegenden Fahrzeug herfährt. Es gibt spezielle Kamerafahrzeuge (Foto unten), mit denen Parallelfahrten gefilmt werden. Auf diese Weise wird der Zuschauer zum Beispiel bei einer möglichen Verfolgungsjagd in die Szene „mitgenommen“ – er ist hautnah dabei...

Produktion – Filme oder Serien werden von einer Produktionsfirma im Auftrag eines Fernsehsenders produziert. Beispiel: Studio Hamburg Produktion agiert als Produktionsunternehmen fürs „Großstadtrevier" im Auftrag der ARD (Das Erste).

Querschnittsfilm – Der Querschnittsfilm ist eine in den 1920er Jahren in Deutschland entstandene Filmgattung. Sie sind nicht-fiktionale Filme, die das tägliche Leben darstellen. Es handelt sich um dokumentarische Filme.

Quote – Die Quote ist für eine Fernsehsendung oder –serie ganz elementar. Ausgesuchte Zuschauer geben Auskunft über ihr Fernsehverhalten. Wie lange haben sie welche Sendung oder Serie geschaut – daraus ermittelt sich im Wesentlichen die Quote. (Siehe auch Einschaltquote)

Qualitätsfilm – Der Begriff Qualitätsfilm wird heutzutage in der Presse vielseitig und sogar widersprüchlich verwendet: Sowohl auf den Autorenfilm als auch auf den Blockbuster (Event-Movie oder auch Mainstream-Film genannt) kann der Begriff sich beziehen.

Requisite – Kleinere Gebrauchs- und Ausstattungsgegenstände wie Pfeifen, Briefe, Sonnenbrillen, Akten- oder Brieftaschen, Uhren, Gläser, Geschirr aller Art, Kerzen, Schirme, Stöcke, Hüte, Zeitungen, Bücher, Radios, Getränkedosen, Flaschen, Lampen und anderes mehr. Requisiten, Dekorationen (Kulissen) und Kostüme machen die sächliche Ausstattung am Set aus. Beispiel: eine Szene wird gedreht in einem Restaurant. Als Requisite stehen auf dem Tisch Teller, Gläser, Messer und Gabel. Eine Flasche Wein steht in einer Karaffe. Servietten liegen parat.

Requisiteur – Für die Bereitstellung der Requisiten ist der Requisiteur zuständig.

Ruhezeit – In fast allen Tarifverträgen des Film- und Fernsehgewerbes sind heutzutage Vereinbarungen über Pausen- und Ruhezeiten enthalten. Allgemein gilt beispielsweise, dass ein Arbeitnehmer nach fünf Stunden ununterbrochener Arbeit das Recht auf eine 20minütige Pause hat. Die Ruhezeit zwischen zwei Arbeitstagen beträgt in der Regel mindestens elf Stunden. Wenn Nachtdrehs stattfinden, darf nicht gleich am Folgetag morgens früh der Arbeitsbeginn auf dem Plan stehen. Nur in absoluten Ausnahmefällen kann die Ruhezeit reduziert werden – allerdings nur mit Einwilligung der Mehrheit der betroffenen Mitglieder des Teams und auch nur auf acht Stunden verkürzt. Einzelheiten sind in den Tarifverträgen zu finden.

Szenenbild – Unter dem Begriff Szenenbild ist die Gesamtgestaltung der zu drehenden Szene gemeint. Ein Szenograf respektive Produktionsdesigner fertig im Vorwege der Dreharbeiten eine Skizze des gesamten Aufbaus an, nach der die Handwerker und Requisiteure ihn anfertigen können. Wenn zum Beispiel eine Szene gedreht wird, in der ein Schauspieler eine Zeitung liest, wird dafür gesorgt, dass eine extra gefertigte Zeitung bereit liegt.

Titelrolle – Die Titelrolle ist eine Hauptrolle in einem Spielfilm oder einer TV-Serie, die sich gleichzeitig verantwortlich dafür zeichnet, dass der Film oder die Serie den gleichen Namen trägt. Bei „Der Landarzt" ist der Landarzt die Titelrolle.

Trailer – Die Fernsehanstalt weckt mit so genannten Trailern (umfasst einige Szenen einer Folge und gibt damit einen ersten Einblick) im Vorwege Interesse auf einzelne Folgen eines Films oder einer Serie.

Tüll – Um das Licht weicher zu machen, werden Tüllstücke vor die Lichtquelle (die Scheinwerfer) gehängt. Neben Pergament, Fallschirmseide oder transparenten Kunststoffen ist Tüll eine sehr einfache und preisgünstige Möglichkeit, das Licht zu verändern.

Trickfilm – Ein Trickfilm ist die allgemeine Bezeichnung für Filme, die mit verschiedenem unbelebtem und unbeweglichem Ausgangsmaterial agieren. Ob Knetfiguren, Puppen, Zeichnungen, Scherenschnitte oder ähnliches. Es tauchen keine reale Menschen auf, sondern in einem Trickfilm kommen ausschließlich animierte Aufnahmen vor.

Tantiemen – Gebräuchlich vor allem im Musikbereich. Ein Besitzer von Urheberrechten an einem Stück nimmt Tantiemen für alle Nutzungen, die sich für das Stück ergeben, ein. Im Filmbereich ist es ähnlich. Wird ein Film (oder eine Serie) mehrfach wiederholt, bekommen die Protagonisten Tantiemen. Soweit die Theorie: denn in der Praxis verkaufen die meisten die Schauspieler ihre Verwertungsrechte in sogenannten Buy-out-Verträgen gegen Zahlung einer Gage an die Produzenten oder Fernsehsender. Schauspieler, Regisseure und Drehbuchautoren fühlen sich durch diese Praxis entmündigt, auch weil sie so von späteren Erlösen ausgeschlossen sind.

Unterrichtsfilm – Bei einem Unterrichtsfilm handelt es sich um eine Sondergattung des Bildungs- und Lehrfilms. Eine Filmgattung, die den schulischen Wissens- und Bildungserwerb unterstützen soll. Der Unterrichtsfilm selbst ist nach didaktischen Gesichtspunkten aufgebaut. Wie der Schulfunk eine Ergänzung des schulischen Unterrichts als Hörfunksendung der öffentlich-rechtlichen Rundfunkanstalten ist, gehört der Unterrichtsfilm (beziehungsweise das Schulfernsehen allgemein) zur entsprechenden Fassung im Fernsehen.

Untertitel – Gerade bei Kinofilmen, die in fremdsprachlicher Originalfassung gezeigt werden, sind Untertitel zu sehen. Die Untertitel geben das in der fremden Sprache geschriebene oder gesprochene Wort in der eigenen Landessprache wieder und gelten als Hilfsmittel der Zuschauer. Der Untertitel erscheint meist knapp über dem unteren Bildrand und ist eine ideale und vor allem günstige Alternative zur Nachsynchronisierung.

Vollbild – Das „klassische" Seitenverhältnis ist im Fernsehen 4:3 und wird oft als „Vollbild" oder „Vollformat" bezeichnet. Seit 1932 ist es das Standardformat des Kinofilms gewesen (Quelle: Filmlexikon der Universität Kiel). Mittlerweile wurde das Vollbild mit der Einführung der Breitwandformate um weitere Seitenverhältnisse ergänzt.

Verfremdung – Im Fernsehen werden Personen, die keine Einwilligung zur Veröffentlichung einer Filmaufnahme gegeben haben, verfremdet. Wenn beispielsweise Beiträge undercover produziert werden, müssen aus Gründen von Persönlichkeitsrechten die Gesichter unkenntlich gemacht werden, wenn diese nicht gezeigt werden dürfen. Bei Gerichtsverfahren ist dies ebenfalls der Fall, wenn ein mutmaßlicher Täter durch den Gerichtsflur flaniert.

Vorsprechen – Es gehört zum Prozess bei der Auswahl von Schauspielern, die in einer Serie beziehungsweise eines Films besetzt werden sollen. Auch Komparsen werden zum Vorsprechen geladen, wenn eine Sprechrolle bevorsteht. Beim Vorsprechen geht es darum herauszufinden, wie ein Protagonist einen Text möglichst fehlerfrei und mit Gestik vor laufender Kamera vorträgt. Das Vorsprechen wird als Teil des Castings auch Audition genannt. Bevor eine Rolle vergeben wird, kann es zu mehreren Vorsprechen kommen.

Windmaschine – Wenn es darum geht bei Dreharbeiten Sturm- und Unwettereffekte lebensecht zu simulieren, setzt die Filmcrew Windmaschinen zur Erzeugung künstlichen Windes ein. Moderne, zum Teil sogar fahrbare Ventilatoren, können Windgeschwindigkeiten von mehr als 50 km/h erzeugen. Je nach Größe und Einsatzart werden mehrere Typen von Windmaschinen eingesetzt. Ausstattungsunternehmen vermieten solche Windmaschinen an die Produktionen.

Werbung – Fernsehsender unterbrechen Serien oder Filme für Werbeeinblendungen. Privatsender finanzieren sich ausschließlich durch Werbeeinnahmen.
Mit so genannten Claims (umgangssprachlich als Bezeichnung einer pointierten Werbeaussage) werben sie für sich selbst. Mit dem Claim „Mit dem Zweiten sieht man besser" wirbt das ZDF. „Willkommen zuhause" ist der Claim des Kölner Privatsenders RTL. „So sieht's aus" – lautet der Kabel Eins Claim.

Zweier – Wenn zwei Akteure in einer Szene zu sehen sind, wird von einem „Zweier" gesprochen. Entsprechend wird von einem „Dreier", „Vierer" und so weiter gesprochen, wenn dementsprechend viele Protagonisten zu sehen sind.

Zuschauer – Gerade in Talkshows sitzen Zuschauer im Studio, die auf Zeichen eines Warmupers klatschen, jubeln oder sonstige Geräusche von sich geben. In Kochshows tun Zuschauer beispielsweise so, als könnten sie das Essen schmecken und geben Laute wie „Hmmm" oder „Bravo" von sich. Bemerkenswert: während gerade in Kochsendungen (zum Beispiel „Küchenschlacht") die Frauen meist für ihre Zuschauerkarten einen Eintritt bezahlen (allerdings bekommen sie dafür auch ein Getränk), werden meist männliche Personen extra als Zuschauer eingekauft.

Dafür, dass die Männer dann während der Kochsendung klatschen, jubeln oder sonstige Geräusche von sich geben, erhalten sie eine Gage. Begründung: die Produktionsfirmen möchten nicht nur Frauen im Publikum sitzen haben. Und bekanntlich interessieren sich Männer im Allgemeinen nicht besonders für Kochshows. Damit sich dann das Verhältnis zwischen Frauen und Männern einigermaßen die Waage hält, werden Männer als bezahltes Publikum dazu gebucht.

Zensurfall – Bezeichnet Filme, denen nach dem Eingriff einer meist staatlichen Behörde die uneingeschränkte Aufführung verweigert wird. Es kann sein, dass ein Film bereits im Stadium des Drehbuchs verboten (Vorzensur) oder ein bereits abgedrehter Film (Nachzensur) eingeschränkt oder komplett verboten wird. Es gibt Einschränkungen bezüglich Schnittauflagen (dann ist es ein Teilverbot), bezüglich des Zielpublikums (Jugendverbot oder eventuell diskriminierende Filme gegen bestimmte Personengruppen) oder totale Ausstrahlungsverbote.

Dreharbeiten im Außenbereich eines Bürogebäudes. Ein Komparse (Mitte) geht auf eine Eingangstür zu. Die Fahnen links wurden von Mitarbeitern aus der Requisite aufgehängt. Rechts im Bild sind Crewmitglieder aus Kamera, Ton und Aufnahmeleitung.

Für die ZDF-Krimikomödie „Die Sonnenuhr" nach dem gleichnamigen Bestseller von Maarten `t Hart stehen Mariele Millowitsch (mit Kopftuch) und Jürgen Vogel in Flensburg vor der Kamera.

So sieht ein typisches Set aus: links ein kleiner Menschenpulk aus Komparsen, Kleindarstellern und Requisiteuren (die die Fahnen gerade aufhängen). In der Mitte befindet sich die Kamera, die mittels eines Dollys auf Schienen geschoben wird. Rechts sind weitere Crewmitglieder zu sehen. Ganz rechts im Bild zu sehen: zwei Produktionsfahrzeuge von Studio Hamburg, die jeweils mit Technik vollgestopft sind.

Anekdoten aus der Welt der Komparsen

Wer als Komparse in einer Film- oder Fernsehproduktion mitmacht, kann schon mal die eine oder andere lustige Geschichte erleben.

Bei einem Dreh in Hamburg-Harburg zum Beispiel kam es vor einigen Jahren zu einer kuriosen Verwechslung. Blauuniformierte Polizisten, die nur als Komparsen agierten, wurden von ahnungslosen Passanten um Hilfe gebeten. Es dauerte mehrere Minuten bis diese verstanden haben, dass es nur Dreharbeiten waren und die Polizisten in dem Film mitwirkten.

Ebenfalls in Hamburg-Harburg fanden Dreharbeiten für eine Polizeiserie statt, deren Darsteller bis dato noch keiner kannte. Ein „echter" Polizist, allerdings in zivil, stieß zufällig in seiner Freizeit auf die Uniformierten und bemerkte die für das Alter nicht angemessenen hohen Dienstgrade auf den Schultern. Er war gerade dabei seinen Dienstausweis zu zücken und die vermeindlichen Polizisten zu überprüfen, da kam ein Produktionsleiter hinzu und klärte die Situation auf.

Eine Komparsin musste vor einigen Jahren als Schwangere vor der Kamera agieren. Als sie in einer Drehpause zur Zigarette griff, fiel eine Freundin wie aus allen Wolken. „Du bist schwanger und rauchst auch noch?", rief sie ihr damals empört zu.

Auch hier folgte eine Aufklärung: sie war gar nicht schwanger, sondern hatte einen künstlich dicken Bauch.

Ebenfalls kurios: Szenen in Supermärkten werden stets nach Ladenschluss oder sonntags gedreht, damit der normale Verkauf nicht gestört wird. Damit Komparsen oder gar die Filmcrew nichts mitgehen lässt, sind in einigen Fällen trotzdem Ladendetektive anwesend...

Versprecher eines Komparsen mit kurzem Text. Die Szene: in einer Bundeswehrkaserne mussten etwa 30 Komparsen in Reihe und Glied zum morgendlichen Antreten Spalier stehen. Der Oberbootsmann (es war eine Einheit der Marine) begrüßte seine Mannschaft und rief danach jeden einzelnen Soldaten (also Komparsen) namentlich mit seinem Nachnamen auf. Als Antwort musste dann folgen: „Hier, Herr Oberbootsmann!". Ein Soldat mit fiktiven Namen Müller wurde aufgerufen: „Müller?"

Er antwortete allerdings nur mit „Hier, Herr Ober..." Das ...bootsmann war so leise, dass es beim Oberbootsmann nicht klar und deutlich ankam. Der Dreh wurde abgebrochen und die gesamte Mannschaft samt Filmteam brach in lautem Gelächter aus.

Bildnachlese – Impressionen von Dreharbeiten

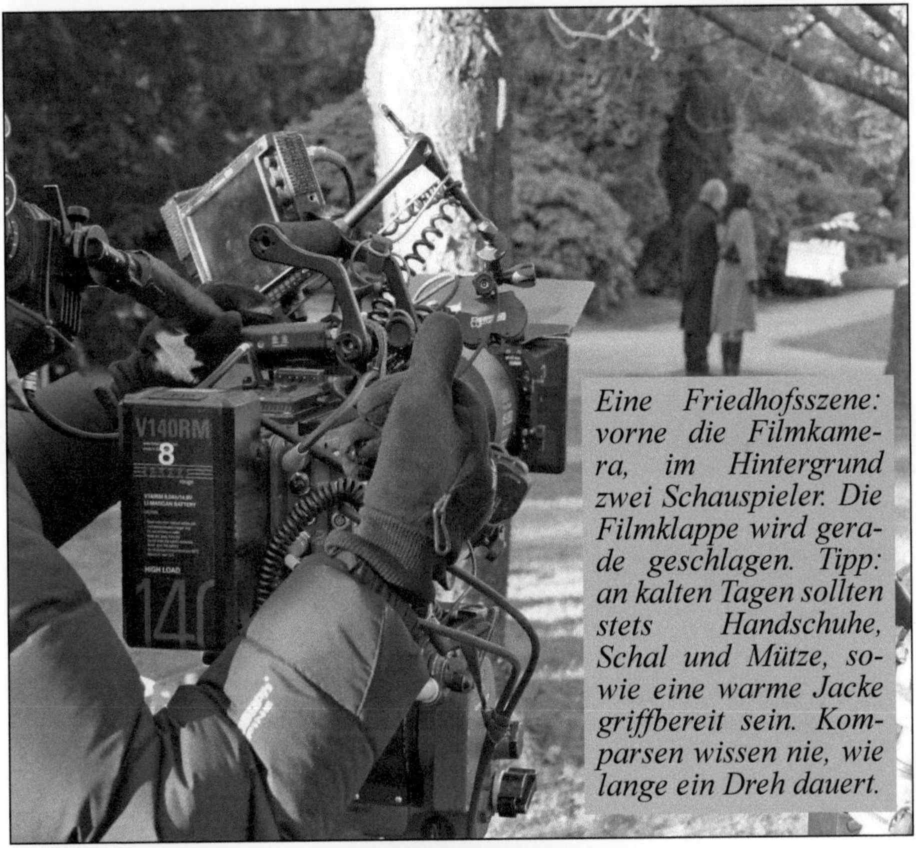

Eine Friedhofsszene: vorne die Filmkamera, im Hintergrund zwei Schauspieler. Die Filmklappe wird gerade geschlagen. Tipp: an kalten Tagen sollten stets Handschuhe, Schal und Mütze, sowie eine warme Jacke griffbereit sein. Komparsen wissen nie, wie lange ein Dreh dauert.

Auf dem Bürgersteig sind Zelte aufgestellt, auf der Straße stehen Sperrhüte: auch hier wird mit einem Großaufgebot an Technik und Personal ein Film gedreht.

Die Filmklappe aus der TV-Serie „Großstadtrevier" (300. Folge).

So macht eine Mittagspause Spaß: ein leckeres Gericht.

Komparse ist ein begehrter Job. Studenten, Rentner und Angestellte nehmen sich extra für einen Drehtag frei. Caster suchen meist im Auftrag der Produktionsfirma besondere Charaktere oder Leute, die das gerade geforderte Milieu für die Hintergrund-Szene verkörpern können.

Bier, das in in keinem Laden zu kaufen gibt. „Bull Rider" ist ein fiktives Markenprodukt (auch Schein- oder Phantasieprodukte). Also ein Requisit, das extra für Fernseh- und Kinoproduktionen imitiert wurde, in der Realität jedoch nicht existiert. Der gestalterische Anteil der fiktiven Produkte ist dem Arbeitsbereich Filmgrafik unterzuordnen. Produktionsfirmen greifen auf fiktive Produkte zurück, um Schleichwerbung zu vermeiden.

Auch wenn bei Außenaufnahmen die Sonne scheint: Scheinwerfer gehören zur Grundausstattung eines Filmteams dazu.

Mit so einem speziellen Kamerawagen werden Aufnahmen im fließenden Straßenverkehr aufgenommen.

Dreharbeiten in Hamburg: Bei sommerlichen Termperaturen von 25 Grad ist jeder, der nur kann an Alster, Elbe, Bille oder einem Badesee wie dem Öjendorfer See. Raus aus der Stadt und das schöne Wetter genießen. Es gibt aber genug Menschen, die trotz des Hochsommers in der Hansestadt arbeiten müssen. So auch die Filmcrew des „Großstadtreviers" – Deutschland beliebtester Polizeiserie, die in Hamburg gedreht

wird. Das Filmteam machte im Stadtteil Hammerbrook Halt. Mit dabei: Mads Hjulmand (als Zivilermittler Mads Thomsen) und Maria Ketikidou (als Zivil-Ermittlerin Harry Möller).
Bei den Proben für die Filmszenen zogen sich die Darsteller bis aufs letzte Hemd aus. In der Szene mussten beide Zivilermittler zwei Männern hinterherlaufen – und da kamen sie dann bei 25 Grad doch etwas ins Schwitzen. Bei der „heißen Probe" (bei der der Kameramann mitfilmt) und beim eigentlichen Dreh selbst musste dann wieder die volle Montur angezogen werden – trotz der sommerlichen Hitze.

Außenrequisiteure leisten große Arbeit: wie hier am fiktiven Polizei-kommissariat 14 aus der Serie „Großstadtrevier" bauen sie für jeden Außendreh den Eingang auf. Dazu zählt der Schriftzug „Polizei", als auch Hinweisschilder im Eingangsbereich auf der rechten Seite.

Wer als Komparse agiert, kann Glück haben mit Größen wie Günther Maria Halmer drehen zu dürfen. Am Set von „Frischer Wind" gab es so eine Möglichkeit. Zum Inhalt: Karin (Floriane Daniel), die Tochter von Kurt (Günther Maria Halmer, auf dem Foto links), hat die Familie zum Essen eingeladen, damit sie Luzy (Teresa Weißbach) näher kennenlernen können. Was als „Familienzusammenführung" gedacht war, endet mit einem Eklat.

Kaum sitzen alle am Tisch, erfährt Kurt durch Zufall, dass sein Sohn Kai (Ole Tillmann) als Koch arbeitet, statt weiter zu studieren. Nach einem heftigen Streit stürmt Kurt wütend in den Garten, wo er auf Karins Nachbarin und Freundin, die Künstlerin Ruth Brehde (Ingeborg Westphal, auf dem Foto rechts), trifft. Währenddessen bereiten Karin mit ihrem Mann Viktor (Dirk Martens), ihrer Tochter Sophie (Farina Flebbe) sowie Luzy und Kai weiter das Essen vor.

Dort, wo normalerweise echte Brautpaare in der zauberhaften, gold-verzierten Atmosphäre heiraten, hat 2008 ein Filmteam des NDR seine Kameras und Scheinwerfer aufgebaut, um die Schluss-Szene des „Tap-feren Schneiderleins" zu drehen. Der barocke Spiegelsaal des Bezirk-samtes war genauso märchenhaft wie die Kostüme der Darsteller und Komparsen. Gedreht wurde eine Hochzeitsszene, mit viel Glitzer und in wunderschönen alten Kostümen – so wie die Könige, Prinzessinnen und ihr ganzer Hofstaat halt in einem Märchen aussehen müssen. Sie tra-gen gepuderte Perücken und schwere Kleider, die Männer haben lange Strumpfhosen und hochhackige Schuhe an. Die Prinzessin (Karoline Schuch) trägt ein weißes Brautkleid und der König (Axel Milberg) eine ziemlich große, mit großen Brillianten versehene Krone. Milberg spielt sonst den Kieler Tatort-Kommissar Klaus Borowski. „Es ist im wahrs-ten Sinne des Wortes zauberhaft, einen Märchenkönig zu spielen. Ein-fach toll", sagte Milberg bei den Filmarbeiten. Vor der Kamera standen unter anderem Kostja Ullmann (wurde mit der Goldenen Feder 2008 ausgezeichnet), Karoline Schuch, Marleen Lohse, Axel Milberg und Dirk Martens. „Sechs auf einen Streich" heißt die Märchenreihe.

Actionszene für die TV-Serie „Einsatz in Hamburg", gedreht in der HafenCity in Hamburg.

Das Foto links zeigt das Ermittlerteam: Hans Wolfer (gespielt von Hannes Hellmann), Jenny Berlin (Aglaia Szyszkowitz) und Volker Brehm (Rainer Strecker) von „Einsatz in Hamburg". In den 15 ausgestrahlten Folgen waren viele Komparsen engagiert. Das Foto unten zeigt die Filmklappe.

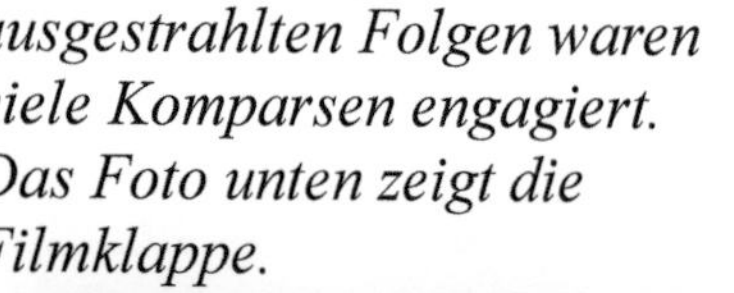

Berühmte Schauspieler wie Johnny Depp, Sky Dumont, Brad Pitt, Angelica Huston, Bruce Willis, Julia Roberts, Dustin Hoffman, Jackie Chan, Robert Redford, Tom Cruise, Whoopi Goldberg, John Travolta und Robert de Niro haben ihre Karrieren als Komparsen begonnen. Die Schauspielkarriere von „Twilight"-Star Kristen Stewart begann beispielsweise mit einer kleinen Komparsenrolle in dem Film „Das dreizehnte Jahr".

Auch wenn es schwer ist: auch heute können Komparsen entdeckt werden und als Schauspieler arbeiten. Nur nicht den Mut verlieren...

Das Foto unten zeigt eine Komparsentätigkeit in einem Studio. Der Komparse „muss sich zum Affen machen..."

Eine junge Frau macht Ergänzungen im Drehbuch. Ein Drehbuch schildert den Verlauf einer Film-Handlung auf etwa einer Seite pro Minute. Bis ins kleinste Detail stehen hier die Abläufe drin.

Dreharbeiten auf dem Hans-Albers-Platz in Hamburg für Folgen der Krimiserie „Adelheid und ihre Mörder". Evelyn Hamann und Oliver Stern stehen an einem Würstchenstand, der eigens für die Dreharbeiten bestellt wurde. Der Würstchenverkäufer wirkte am Set als Komparse mit.

Foto links: Oliver Stern geht seinen Text durch.

Evelyn Hamann am Set von „Adelheid und ihre Mörder" in Hamburg.

Auch dies ist ein typisches Set: links steht ein Kasten mit Technik (mit einer Plane abgedeckt), zwei Frauen gehen als Komparsen durchs Bild. In der Mitte befindet agieren die Schauspieler. Rechts sind weitere Crewmitglieder zu sehen. Beeindruckend auch, mit wie viel Beleuchtungskörpern diese Szene wird.

Urs Egger (2.v.l.) verfilmte 2009 Craig Russells (Mitte) Roman mit Peter Lohmeyer (2.v.r.) in der Hauptrolle. Gedreht wurde in Hamburg und Umgebung.

Damit Sie mal sehen wie es aussieht, wenn Sie in eine Kamera schauen...

Wenn Sie als Komparse engagiert werden dürfen Sie niemals direkt in die Kamera schauen.

Der Eingangsbereich der Rechtsanwaltskanzlei Ehrenberg aus der TV-Serie „Der Dicke". Auch hier ist das Schild natürlich nur Requisite.

Szenenfoto: Gregor Ehrenberg (titelgebender Hauptdarsteller Dieter Pfaff) und Isabel von Brede (Sabine Postel) in der nachgestellten Rechtsanwaltskanzlei (Seite 89).

In diesem Haus in Hamburg war während der Dreharbeiten (bis 2013) im Erdgeschoss die Rechtsanwaltskanzlei Ehrenberg aus der TV-Serie „Der Dicke" nachgestellt. Jetzt werden die Räume für die Folgeserie „Die Kanzlei" genutzt.

V. l.: Dieter Pfaff, Sabine Postel und Uwe Bohm am Set von „Der Dicke" in Hamburg-Eimsbüttel.

Mit Mehmet Kurtulus (rechts im Bild) in der Rolle als Hauptkommissar Cenk Batu erhält die Krimireihe „Tatort" im Jahr 2008 ein völlig neues Gesicht. Der neue Ermittler ist jünger, der Erste mit ausländischen Wurzeln und er ist der erste verdeckte Ermittler. In sechs spannenden Fällen (ausgestrahlt von 2008 bis 2012) gelingt es Cenk Batu unter anderem, in islamistische Terrorzellen einzudringen und illegale Finanzgeschäfte in Hamburg aufzudecken. Sein Schicksal als verdeckter Ermittler will es, dass er in der letzten Folge „Die Ballade von Cenk und Valerie" stirbt. Links im Bild zu sehen: Kollege Kommissar Uwe Kohnau (gespielt von Peter Jordan).

Eine Außenszene mit dem Mobilen Einsatzkommando (MEK).

In Hamburg entstand vom 22. November bis 22. Dezember 2011 der letzte Hamburg-Tatort mit Mehmet Kurtulus als verdeckter Ermittler Cenk Batu. An der Seite von Kurtulus spielten unter anderem Peter Jordan, Corinna Harfouch, Anna Bederke, Jonas Nay und Kai Wiesinger.

Das Foto links entstand bei den Dreharbeiten für den Tatort „Die Ballade von Cenk und Valerie" in der Straße Alter Wall in Hamburg. Im Bild zu sehen ein Kamera-Schwenkkran, mit dem Aufnahmen aus der Luft gemacht wurden. So konnten „Totale" eingefangen werden, die das Geschehen eines Polizeieinsatzes zeigen.

Eine Außenszene mit dem Mobilen Einsatzkommando (MEK). Das Fahrzeug wurde mit fiktiven Kennzeichen versehen.

Ein Filmfahrzeug einer Verleihfirma, wie es von einer Produktion für einen Dreh gemietet werden kann. Dreharbeiten für den „Tatort" (2011).

Ein Fall für die Requisite: beim Dreh sind die Filmfahrzeuge mit Dienstkennzeichen und richtigem Schriftzug „Polizei" versehen.

Gruppenfoto: Jan Fedder, Iris Berben, Florian Bartholomaei, Anna Fischer, Xaver Schwarzenberger, Christian Granderath, Stefanie Fromm und Susanne Porsche am Set vom Fernsehfilm „Stille".

Von links: Florian Bartholomaei, Iris Berben, Jan Fedder und Anna Fischer bei Dreharbeiten von „Stille" in Hamburg-Wellingsbüttel. Fedder mimt in dem Film den Fernsehjournalisten Harry Cliewer.

Die Filmklappe schlägt für die Folge „Vom Fischer und seiner Frau" aus der TV-Reihe „Sechs auf einen Streich" in einer Kirche in Hamburg. „Mantje Mantje, Timpe Te, Buttje Buttje in der See, myne Fru de Ilsebill will nich so as ik wol will." Kein Märchen ist so norddeutsch wie „Vom Fischer und seiner Frau" der Brüder Grimm. Es erzählt von einem Fischer, der sich den Wünschen seiner Frau Ilsebill nicht zu widersetzen traut und immer wieder den Butt zu Hilfe ruft: Ob immer mehr im Leben auch immer besser ist und ob eine Liebe daran zerbrechen kann, ist das zentrale Thema. In den Titelrollen standen 2013 Fabian Busch als Fischer Hein und Katharina Schüttler als seine Frau Ilsebill vor der Kamera.

Dreharbeiten an der Kieler Förde für die TV-Serie „Der Landarzt". Schwester Jutta (Karina Thayenthal) sitzt auf der Decke. Landarzt Dr. Uli Teschner (Walter   Plathe) stößt dazu...

Polizeihauptmeisterin Claudia Fischer (in Uniform) bei Ermittlungen, bei denen sie sogar ihre Dienstwaffe ziehen muss. Dies ist eine Szene für die kombinierte Arzt- und Polizeifernsehserie „Notruf Hafenkante". Auf dem Foto ist rechts der Kameramann zu sehen. Zudem wird gerade der Ton mittels einer Tonangel aufgenommen.

D r e h a r - beiten an einem Rettungstransportwagen (RTW).

Wer vor oder auch hinter der Kamera steht, sollte keine Höhenangst haben. Manches Mal geht es hoch hinaus, wie zum Beispiel auf das Dach der Jugendherberge in Hamburg.

Fahrzeugkolonne an Hamburgs Außenalster für eine Polizeiserie.
Der Unterschied zwischen einer Serie und Reihe ist übrigens folgendermaßen zu definieren: Eine Reihe (meistens an einem aktuellen Thema orientiert) bezieht sich auf wirklich Geschehenes oder wirklich Vorhandenes und jedes einzelne Teil besteht für sich. Beispiel: Eine Folge „Tatort" behandelt ein Thema und ist nach etwa 90 Minuten abgeschlossen. Der „Tatort" zählt zu einer Krimireihe. Unter der Dachmarke „Tatort" ermitteln jeweils in unterschiedlichen Orten Polizeibeamte und lösen binnen der Folge die Fälle.

Eine Serie dagegen baut auf der vorhergehenden Folge auf und entwickelt sich in der nächsten weiter über den sogenannten Handlungsstrang. Ein Thema kann sich über mehrere Folgen hinweg ziehen.

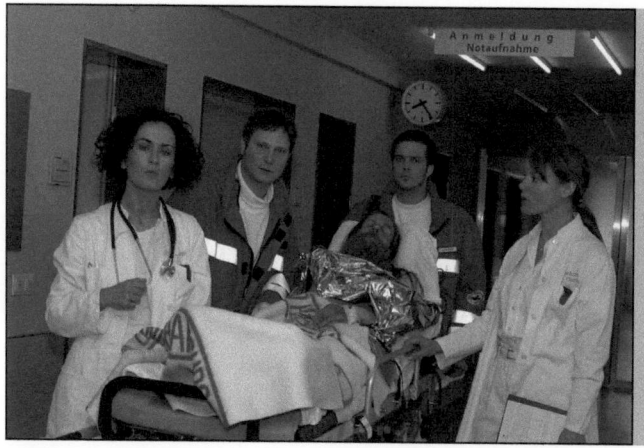

Sieht aus wie in einem echten Krankenhaus. Das Foto wurde allerdings in einem leerstehenden Gebäude eines ehemaligen Klinikgeländes in Hamburg gemacht. Dort wurden Operationssaal und Flure nachgebaut.

Direkt vor der U- und S-Bahnstation Landungsbrücken in Hamburg bereitet das Filmteam von „Notruf Hafenkante" einen Dreh vor.

...auch am fiktiven Polizeikommissariat 21 laufen die Vorbereitungen für die nächsten Einstellungen auf Hochtouren...

Dreharbeiten mit zwei Streifenwagen an der Kehrwiederspitze in der Speicherstadt von Hamburg.

Unfallopfer Anna Bülow (gespielt von Jenny Elvers-Elbertzhagen) und ein Obdachloser (Lotto King Karl) am Hafen in Hamburg. Beide haben in der Polizeiserie „Notruf Hafenkante" eine Gastrolle.

Diese kleine Bildnachlese soll einfach ein paar Eindrücke von verschiedenen Dreharbeiten vermitteln und dem Leser dieses Buches einen Einblick hinter die Kulissen verschaffen.
Die Fotos zeigen Gesamtaufnahmen von Sets in Form von Arbeits-, Szenen und Pressefotos.

Zwischen den Zeilen...

Wer vor der Kamera steht, egal ob als Komparse, Kleindarsteller oder Schauspieler, bekommt die Filmklappe zu hören. Sie dient dazu den Ton und das Bild synchron zu stellen. Das Klappgeräusch und die Bewegung der Holzteile sollen den Cutter beim Schneiden des Filmmaterials dabei helfen.

„Und Ruhe, bitte. Wir wollen drehen. "
– ...hoffentlich handelt es sich um STILLES Mineralwasser...

Vorsicht bei der Auswahl an Castingagenturen

Auch bei der Recherche zu diesem Buch musste der Autor mit Erstaunen feststellen, dass es auch im Jahr 2015 noch diverse Internetpräsentationen gibt, die für eine Setcard-Erstellung zum Teil mehrere Hundert Euro verlangen. Auch gibt es eine Vielzahl von Castingagenturen für Komparsen und Kleindarsteller, die alle von einem Anbieter stammen und ebenfalls für die Aufnahme in deren Kartei Gebühren verlangen.

Googelt ein Interessent nach Castingagenturen, so werden diese Seiten größtenteils über so genannte Adwords beworben und stehen demnach bei den Suchergebnissen stets an oberen Stellen. Der Interessent sollte bei Sätzen wie „Wir bringen Sie ins Fernsehen", Hier geht's zur Karriere", „Finden Sie Ihre Chance des Lebens" oder „wir suchen Modells fürs Fernsehen". Hinter all diesen Sprüchen steckt meist nur ein Trick: eine kostenlose Registrierung. Garantierte kostenlose Registrierung – damit wird ein potentieller Interessent verführt, sich bei der jeweiligen Agentur anzumelden. Nach der vermeindlich kostenlosen Registrierung folgt in der Regel eine Einladung zum Casting – und genau hier geht's dann ans Eingemachte. Die Fotos seien angeblich für die Vermittlung zu Jobs/ Aufträgen nicht zu gebrauchen beziehungsweise schlicht und einfach zu schlecht. Aber wie der Zufall es will, wartet bereits ein Fotograf. Und hier lauert dann meist ein Preishammer. Daher sollte jeder hellhörig werden, wenn in einem Vertrag steht, dass separate Fotoaufnahmen gefertigt werden müssen. Solche Aufnahmen von Fotografen, die im Auftrag der Agentur agieren, sind in vielen Fällen überteuert. Also Vorsicht, wenn dies eine Voraussetzung zur Aufnahme in eine Kartei sein sollte!

Ein weiteres Geschäftsmodell: Komparsenagenturen bieten Interessenten an, sich kostenfrei anzumelden. So können sie Fotos auf der Homepage selbst hochladen und Angaben über die eigene Person tätigen. Allerdings fallen mit der ersten Vermittlung Gebühren an und verpflichten zum Teil zu einer Art Mitgliedschaft. Im Mitgliedsvertrag einer Hamburger Agentur heißt es beispielsweise, dass sich die Laufzeit für den Vertrag (Dauer von sechs Monaten) um weitere sechs Monate verlängere, wenn der Vertrag nicht vorab beendet würde. Die Laufzeit beginne, wenn der Interessent Benutzernamen und Kennwort per SMS erhalte. Dabei sei die Mitgliedschaft im Casting-Portal gemäß der Homepage solange völlig kostenlos, bis eine der beiden folgenden Bedingungen eintrete:

Der Interessent werde entweder für einen Dreh als Komparse oder Kleindarsteller bei einer Film, Fernseh- oder Werbeproduktion erstmalig gebucht oder der Interessent erhalte alternativ mindestens drei konkrete Buchungsanfragen. Und zwar unabhängig davon, ob er diese Terminvorschläge bestätigt oder nicht.

Weiter heißt es, dass erst danach der Halbjahresbeitrag für die laufende Mitgliedschaft anfalle. Alle folgenden Halbjahresbeiträge werden danach unabhängig von den vorgenannten Bedingungen am jeweils ersten Tag ihrer Laufzeit fällig.

Wenn es Geld kostet, sollten bei jedem potentiellen Interessenten alle Warnglocken läuten. Denn gerade in der Film- oder Modelbranche gibt es jede Menge an schwarzen Schafen. Und mit diesen haben sich schon viele Gerichte befasst. Ein Richter gab sogar einem Modell Recht und stellte klar: teures Geld für Setkarten oder Mappen sind rechtswidrig. Zumindest dann, wenn im voraus das Geld an eine Modellvermittlungsagentur auf Verlangen gezahlt wurde.

Aktenzeichen: 1998-05-14 10c 053/98 Rechtsbereich/Normen:BGB, AG Bremen. Ein Unternehmen hatte den Bewerbern um Modellaufträge hohe Verdienstmöglichkeiten versprochen, bei der Bewerbung aber Geld im voraus für die Anfertigung einer Fotomappe verlangt. Das AG Bremen entschied, ein solcher Vertrag verstoße gegen die Arbeitsvermittlungsverordnung und sei deshalb nichtig. Das auf einen nichtigen Betrag hin gezahlte Geld könne aber ohne weiteres zurückgefordert werden, da die Zahlung dann „ohne Rechtsgrund" erfolgt sei.

Tipp: Augen auf bei Castingagenturen, welche mit der Erlaubnis der Bundesagentur für Arbeit werben. Diese Erlaubnis ist schon seit einigen Jahren abgeschafft worden.

Tipp: Agenturen, die Gebühren in Höhe der Kostendeckung nehmen, sind in Ordnung. Aber prüfen Sie immer Leistungen, Referenzen und eventuell Partnerfirmen

Tipp: Seien Sie aufmerksam bei Castings in Hotels: es tummeln sich immer noch viele Anbieter, die im Vorwege eine Bearbeitungsgebühr für die Aufnahme in die Kartei nehmen. Meist bekommt der Interessent danach nicht einen einzigen Auftrag. Da nützt es auch nichts, wenn ein Interessent eine tolle Set-Card angelegt und Fotos produziert hat, wenn die Castinganbieter nur auf die Bearbeitungsgebühr aus sind. Diese Masche ist gerade im ländlichen Bereich zu verzeichnen; Interessenten aus kleinein Dörfern reisen in die nächst größte Stadt an, in der Casting veranstaltet werden. Allerdings haben Castingagenturen gerade in ländlichen Gegenden kaum Vermittlungschancen – dann können Sie sich die Aufnahmegebühr sparen!

Tipp: Bewerben Sie sich bei einer seriösen Agentur. Das sind jene Agenturen, die keine stattliche Aufnahmegebühr verlangen, welche weit über den Rahmen der Kostendeckung hinausgeht. Gebühren die im Rahmen der Kostendeckung liegen, sind nach der Richtlinie der Bundesanstalt für Arbeit jedoch zulässig.

Tipp: Werden bei einem Casting (in den Räumen der Agentur, im Hotel oder wo auch immer) Fotoaufnahmen gemacht, sind Gebühren dafür nicht üblich.

Merken Sie sich: Sie wollen Geld verdienen, keines ausgeben. Seriöse Agenturen verdienen durch die Vermittlung der Komparsen, Kleindarsteller oder Modells zwischen dem Auftraggeber (Produktionsunternehmen) – und nicht an Beiträgen der Komparsen, Kleindarsteller oder Modells.

Ein Casting ist wie ein Vorstellungsgespräch zu behandeln, welches so auch nach den Anforderungen des BGB gesetzlich geschützt ist.

Tipp: Seien Sie vorsichtig, wenn in einer Zeitung Werbe- oder Kleinanzeigen geschaltet werden. Seriöse Agenturen schalten solche Anzeigen nur in Ausnahmen!

Gerade wenn solche Anzeigen mit Einladungen zu Castings ohne konkreten Anlass geschaltet sind. Rufen Sie gerne bei der Agentur an und fragen Sie unbedingt nach, für welche Sendung/Serie/Reihe/Film gecastet wird. Fragen Sie auch gerne nach, ob das Casting mit Kosten verbunden ist. Wenn Kosten entstehen, gehen Sie gar nicht erst hin!

Tipp: Durch die Anreise zu einem Casting tritt der Bewerber üblicherweise – auch innerorts – schon in Vorleistung. Sollte es zu einem Engagement kommen, verhandeln seriöse Agenturen mit der Produktion, dass diese angefallenen Kosten erstattet werden. Fragen Sie ruhig bei der Agentur nach, ob diese Option (es ist reine Verhandlungssache) möglich ist.

Tipp: Seien Sie vorsichtig wenn die Agentur Ihnen sagt, dass genau Sie der oder die Richtige sind, es allerdings schade sei, dass einige Qualifikationen fehlten. Mit bestimmtem Seminar oder Workshop kämen dann sicher „gaaaanz viele Jobs." Es sind meistens leere Versprechungen – sparen Sie sich das Leergeld.

„Die Pfefferkörner" ermitteln am Hafen

Dreharbeiten für die Kinderserie „Die Pfefferkörner" in der Speicherstadt in Hamburg. Der Regisseur (mit dem Rücken zugewandt) gibt Anweisungen. Rechts im Anschnitt steht ein Streifenwagen der Polizei Hamburg.

In den 1980er Jahren gab es die Kinderserie „TKKG". Diese wurde ebenfalls in Hamburg gedreht. Viele Folgen entstanden in Eppendorf, Eimsbüttel, Stellingen und auf St. Pauli. Tarzan, Karl, Klößchen und Gaby waren damals junge Ermittler, die mit Kommissar Glockner Hamburger Kriminalfälle lösten. Mit der Serie „TKKG" ist seit Ende der 1980er Jahren Schluss. Als Nachfolger gibt es „Die Pfefferkörner". Eine Gruppe von fünf Jugendlichen ist Kriminalfällen auf der Spur – überwiegend in der historischen Speicherstadt. Die Dreharbeiten für diese Kinderserie begannen 1999. Seit Start der Serie wurden die Hauptdarsteller mehrfach ausgewechselt. Die Formation der ersten Staffel: Natascha Jaonzäns (gespielt von Vijessna Ferkic), Philipp Overbeck (Spitzname Fiete, gespielt von Julian Paeth), Jana (Anna-Elena Herzog), Cem (Ihsan Ay) und Vivien Overbeck (Spitzname Vivi, gespielt von Aglaja Brix).

Die Handlung der Jungdetektive ist in den meisten Folgen ähnlich: Die fünf Nachwuchsdetektive treffen sich nach der Schule auf dem Boden des Gewürzlagers der Firma Overbeck & Consorten. Betrieben wird der kleine Betrieb von den Eltern von Fiete und Vivi. Das Gewürzlager befindet sich in der Hamburger Speicherstadt inmitten des großen Hamburger Hafens. Dort, wo hinter historischen Backsteinmauern täglich tonnenweise Kaffee, Teppiche und Gewürze umgeschlagen werden, haben die Jungdetektive ihr Hauptquartier.

Von dort ermitteln die Fünf hartgesottene Verbrecher. Ob Erpresser, Umweltsünder, Diebe, Räuber, Tierhändler oder Drogenschmuggler – die jungen Spürnasen aus der Speicherstadt haben schon so manchen Ganoven der Polizei übergeben. Nachdem Natascha und Fiete zum Schüleraustausch nach Australien geflogen und Cem zusammen mit Jana in die Bundeshauptstadt gezogen sind, bleibt Vivi als einziges Mitglied der „Pfefferkörner" in der Hansestadt zurück. Nach kurzer Zeit lernt sie Paul (gespielt von Lukas Decker), Panda (Tim Patrick Chan), Katja (Jana Fomenko) und Johanna (Carlotta Cornehl) kennen.

Der neue Club der „Pfefferkörner" ist gegründet. Mit Hilfe von Internet und Digitalkamera, sowie Grips und Kombinationsgabe lösen die neuen Fünf ihre Fälle. Aber auch die zweite Formation der Detektivbande „Pfefferkörner" musste ab der fünften Staffel ersetzt werden. Die Jungdarsteller der „Pfefferkörner" können immer nur ein paar Folgen lang mitwirken – sie wachsen im wahrsten Sinne des Wortes schnell aus der Rolle. In der fünften und sechsten Staffel stehen Lilly Theede (gespielt von Laura Gabriel), Yeliz Surat (Mira Lieb), Karol Adamek (Moritz Glaser), Laurenz Krogmann (Tim Tiedemann) und Marie Krogmann (Nina Flynn) als neue Gruppe vor der Kamera.

Erpressung, Raub und Mobbing in der Speicherstadt. Eine Jugendbande sorgt für Aufruhr – aber die „Pfefferkörner" sind den miesen Tätern auf der Spur.

Gedreht wird vorwiegend in den Schulferien – die Jungdarsteller sind im wirklichen Leben Schüler. Kulissen sind des Öfteren das Zollmuseum oder die Wasserschutzpolizei. Auch die historischen Speicher werden filmisch in Szene gesetzt. Wenn plötzlich fünf Kinder irgendwo in Hamburg auftauchen, sind es meist „die Pfefferkörner"...

Die Detektivgruppe „Pfefferkörner" der siebten und achten Staffel hat folgende Mitglieder: Sophie Krogmann (gespielt von Katherina Unger), Themba Bruhns-Mcomo (Coco Nima), Lina Lange (Lale H. Mann), Rasmus Bo Nilsen (Julian Winterbach), sowie Emma Krogmann (Aurelia Stern). In der zehnten Staffel treten folgende Mitglieder auf: Max Paulsen (Darsteller: Bruno Alexander), Nina Pellicano (Carolin Garnier), Jessica „Jessi" Amsinck (Martha Fries) und Luis de Lima Santos (Emilio Sanmarino). Die Detektivgruppe der elften Staffel hat folgende Mitglieder: Niklas Klinger (gespielt von Jaden Bojsen), Jessica „Jessi" Amsinck (Martha Fries), Anton Cengiz (Danilo Kamber) und Ceyda Cengiz (Merle de Villiers), sowie Luis de Lima Santos (Emilio Sanmarino).

In der zwölften Staffel ermitteln folgende „Pfefferkörner": Ramin Dschami (Darsteller: Jann Piet), Jale Dschami (Ava Sophie Richter), Stella Friese (Zoë Malia Moon), Pinja Friese (Sina Michel) und Till Petersen (Otto von Grevenmoor).

Bis August 2015 wurden insgesamt 143 Folgen in elf Staffeln ausgestrahlt. Aktuell wird die zwölfte Staffel mit den obigen Darstellern in Hamburg und Umgebung produziert. Die Kinderserie „Die Pfefferkörner" erhielt für die Folge „Der Schlitzer von der Elbchaussee" beim KinderKom - Merano TV Festival 2003 den Preis für das beste Kinderprogramm.

Produktionsjahre:	1999–2004,
	2007–2010,
	seit 2012 jährlich
Produktion:	Studio Hamburg Produktion GmbH
Länge:	etwa 28 Minuten je Folge
Episoden:	143 in 11 Staffeln
Musik:	Mario Schneider
Erstausstrahlung:	27. Dezember 1999 auf dem Kinderkanal,
	läuft mittlerweile auch in der ARD
(Quelle: Produktionsspiegel)	

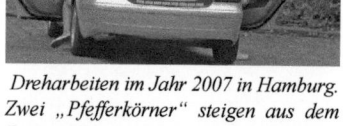

Dreharbeiten im Jahr 2007 in Hamburg. Zwei „Pfefferkörner" steigen aus dem Peterwagen.

Dreharbeiten im Jahr 2007 in Hamburg.

Präsentation der 100. Folge im Jahr 2010.

Made in Deekelsen: „Der Landarzt"

10. Februar 1987: im Zweiten Deutschen Fernsehen (ZDF) beginnt um 20.15 Uhr das Intro einer neuen Arztserie mit einem Baum auf einem unreifen Kornfeld, blauem Himmel und der Schlei im Hintergrund. Es folgt ein Bild einer Mühle (Mühle „Charlotte" in der Geltinger Birk) – und dann sieht der Zuschauer ein Bewegtbild von Dr. Karsten Mattiesen, wie er die Treppe seiner Praxis herunter läuft und auf seine Armbanduhr blickt – der Schriftzug „Der Landarzt" wird eingeblendet. Es ist der Pilotfilm, der am ersten Tag Millionen von Fernsehzuschauern vor den Bildschirm lockt.

Etwa 20 Jahre später: Spaziergang entlang der Schlei mitten in Kappeln. In Höhe der Straße Dehnthof stellen sich plötzlich zwei junge Frauen in den Weg und blockieren die Straße Am Hafen. „Bitte warten Sie einen Augenblick. Wir drehen hier gerade", sagt eine der beiden Blockerinnen, wie sie in der Filmsprache genannt werden. Nichts Ungewöhnliches. Gerade an Kappelns Hafen wird in den Sommermonaten gedreht was das Zeug hält. Touristen und Bürger aus Kappeln schauen sich meist die Dreharbeiten an. Ein Dutzend Produktionsfahrzeuge steht in einer Seitenstraße. Darunter ein Generatorwagen mit Strombelieferung, drei große Gerätewagen, zwei Cateringfahrzeuge und mehrere Wohnmobile – zwei Maskenmobile stehen auch noch in einer Parkbucht. Vor einer kleinen Kneipe liegen Kabel, stehen Stative und Scheinwerfer. Leider finden zur Zeit nur Innenaufnahmen statt, so dass kein Schauspieler zu sehen ist. Aber auf dem Armaturenbrett eines Produktionsfahrzeugs liegt ein Produktionsplan.

Glück gehabt: Keine halbe Stunde später soll laut des Plans das Filmteam eine Außenszene drehen. Und tatsächlich: bummelig eine dreiviertel Stunde später transportiert die Filmcrew das gesamte Equipment nach draußen. Kameraschienen werden verlegt, die Kamera selbst auf einen Dolly (Kamerawagen) geschraubt und zwei Scheinwerfer justiert. Die Darsteller albern noch kurz herum, werden noch schnell gepudert. Die beiden Blockerinnen stehen wieder auf der Straße, lenken den Verkehr um. Der Ton-Ingenieur testet das Mikrofon, die Regie-Assistenz kritzelt eine Zahl auf die Filmklappe und der Rest der Filmcrew zieht sich auf eine Bank zurück. Dann bittet der Regisseur um Ruhe. Übrigens: Der Beruf des Regisseurs kam zustande, weil vor vielen Jahren zwei Schauspieler vor der Kamera standen und einer von denen seinen Platz verließ, um zu schauen, ob der andere in der Mitte steht.

Aber Spaß bei Seite. „Und bitte", ertönt vom Regisseur, nachdem die Kamera abgefahren und die Aufzeichnung des Tons gestartet wurde. Am Set herrscht nun Ernsthaftigkeit und Ruhe. Die Schauspieler beginnen mit dem Aufsagen ihres Textes. Dreharbeiten für die Erfolgsserie „Der Landarzt" mit Wayne Carpendale, Gerhard Olschweski und vielen weiteren Schauspielern in den Hauptrollen. Ganze 26 Jahre spielt Kappeln die heimliche Hauptrolle – und viele kleine Dörfer im Umkreis von etwa 30 Kilometer ebenfalls.

26 Jahre „Der Landarzt"! Was für ein Ereignis im Jahr 2012. Damit gehört die Arztserie eindeutig zu den ältesten Serien im Deutschen Fernsehen. Nur „Der Alte" (Erstausstrahlung 11. April 1977) und „Ein Fall für Zwei" (Erstausstrahlung am 11. September 1981), sowie das „Großstadtrevier" (Erstausstrahlung am 16. Dezember 1986) sind ältere Serien als „Der Landarzt".

Am 28. April 1986 fällt der Startschuss für eine außergewöhnliche Erfolgsgeschichte: Es ist der erste Drehtag von „Der Landarzt"! Ein Projekt, das sich im Verlauf eines Vierteljahrhunderts zu einer der erfolgreichsten Familienserien im deutschen Fernsehen entwickelt. Direkt an der malerischen Schlei – mit Pferden auf den Weiden, Kornblumenfeldern und der rauschenden Brandung am unweiten Ostseestrand – in dieser schönen Umgebung mit ihrem besonderem Charme liegt Deekelsen. Deekelsen? Wer diesen Begriff in sein Navigationssystem tippt oder im Internet nach dem Ort sucht wird schnell merken, dass es ein fiktiver Ortsname ist. Deekelsen gibt es nur im Fernsehen.

Genau dort leben und arbeiten Dr. Karsten Mattiesen (Christian Quadflieg, bis Staffel 4), Dr. Ulrich Teschner (Walter Plathe, bis Staffel 17) und Dr. Jan Bergmann (Wayne Carpendale, bis zur Staffel 22). Dort wohnen auch alle anderen Figuren aus der Vorabendserie. In Deekelsen fahren beide Dorfpolizisten Sven Olsen und Dieter Paetz mit ihrem Streifenwagen auf und ab, Kräuterdoktor Hinnerksen lindert mit seinen alternativen Heilmitteln die Schmerzen der Bewohner und Landarzt Jan Bergmann reitet schon des Öfteren auf einem Pferd durch die Ortschaft. In Deekelsen ist die Welt noch in Ordnung.

In den vergangenen 26 Jahren befand sich zwischenzeitlich auf dem Mattiesenhof eine Gemeinschaftspraxis.

An der Seite von Dr. Uli Teschner praktizierte dort Dr. Moritz Roßwein (Christian Schmidt) in einigen Folgen, bevor in der Folge 182 „Über den Schatten springen" Physiotherapeut Nicolas Brenner (Manou Lubowski) die Praxis neu öffnete. Nach Übernahme der Landarzt-Praxis durch Jan Bergmann leitet Nicolas Brenner seine Praxis auf dem Mattiesenhof – gleich neben den Praxisräumen von Dr. Bergmann.

„Der Landarzt" ist ein sympathischer Werbeträger für die Region und die Bedeutung des „Landarzt"-Tourismus als Wirtschaftsfaktor noch immer hoch anzusiedeln. Reisebusse aus ganz Deutschland fahren auch 28 Jahre nach Drehstart ins schleswig-holsteinische Kappeln und Umgebung. Unter den vielen Touristen und Urlaubern sind fast unzählige Landarzt-Fans dabei, die auch gerne mal ein Auge auf die Originalkulissen werfen. Auf die Dreharbeiten können sie kein Auge mehr werfen und hautnah dabei sein, wenn unter anderem Caroline Scholze, Jacqueline Svilarov, Ulrich Bähnk, Thomas Balou Martin, Gerhard Olschewski oder beispielsweise Wayne Carpendale für neue Folgen vor der Kamera stehen. Denn: Am 3. Oktober 2012 – dem Tag der deutschen Einheit und somit einem Feiertag – gab die Novafilm Fernsehproduktion GmbH Berlin das Serien-Aus bekannt. Auf der Internetplattform „Facebook" postete das Unternehmen: „Cut! Der Landarzt ist abgedreht. Für immer. Wir haben gestern das Abschlussfest für die 22. Staffel gefeiert und haben uns von unserem tollen Team verabschiedet. Im 25. Ausstrahlungsjahr

Wayne Carpendale (Sohn des Schlagersängers Howard Carpendale und mittlerweile Fernsehmoderator im Privatfernsehen) im Eingang zu seiner Praxis im fiktiven Ort Deekelsen.

107

hat das ZDF die Serie nun leider abgesetzt. Unser Dank gilt allen, die ihren Teil dazu beigetragen haben, dass „Der Landarzt" in dieser Qualität hergestellt werden konnte und den vielen Millionen Menschen, die das Programm mit Freude einschalten. 2013 werden die letzten Folgen der Serie ausgestrahlt und wir wünschen allen Zuschauern viel Spaß beim Genießen!"

Erst einige Wochen zuvor startete die neue Staffel der Serie im Fernsehen, die im Durchschnitt laut ZDF etwa 4,5 Millionen Zuschauer sahen. Warum das plötzliche Serien-Aus?

„Das ZDF wird im Rahmen der kontinuierlichen Programmerneuerung die Vorabendserie ‚Der Landarzt' nicht fortsetzen. Darüber wurde die betreffende Produktionsfirma bereits informiert", gab Iris Käsche von der Pressestelle auf Nachfrage des Autors Matthias Röhe bekannt.

„Für den Sendeplatz am Freitagabend (19.25 Uhr) werden neue Formatideen entwickelt. Zur kontinuierlichen Modernisierung eines TV-Programms gehört auch der gelegentliche Abschied von lang laufenden Formaten. Sonst gäbe es keine Sendeplätze für Neuentwicklungen", führte Iris Käsche fort. Das Team staunte nicht schlecht, als im Rahmen der Abschlussfeier zum Ende der 22. Staffel das endgültige Aus verkündet wurde.

Kaum jemand kann die Entscheidung des ZDF verstehen. Die letzten vier Jahre wurden selbst die Dreharbeiten für Journalisten abgeschirmt. Nur einmal im Jahr wurden Pressevertreter, also Fotografen, Kamerateams von Regionalsendern und Journalisten, kollektiv ans Set gelassen, um Fotos zu schießen und Interviews zu führen. Das war zu Zeiten von Christian Quadflieg (Landarzt von 1987–1992) und Walter Plathe (Landarzt von 1992 bis 2008) anders.

Seit des Einstiegs von Wayne Carpendale im Jahr 2008 hat sich nicht nur vom Inhalt eine Menge geändert. Auch die Arbeitsweise am Set soll sich stark verändert haben, wie einige Crewmitglieder hinter vorgehaltener Hand versicherten.

So erstaunt es fast nicht, dass der Hauptdarsteller auch nur einen kurzen Kommentar über seine offizielle Facebook-Seite postete: „Ich muss Euch leider sagen, dass ich am Montagabend meine letzte Szene als Dr. Jan Bergmann gespielt habe. Der Sender hat sich entschieden, den Landarzt nicht fortzusetzen. Es waren fünf wunderschöne Jahre mit einem ganz besonderen Team und tollen Fans. Dafür ein riesen fettes DANKE!" Im Zeitalter des Internet wohl die einfachste Art, einfach tschüß zu sagen...

Der Lindauhof in Lindaunis (Schleswig-Holstein). Hier wurde 26 Jahre lang die Serie „Der Landarzt gedreht.

Christian Quadflieg als Landarzt Dr. Karsten Mattiesen (1986 bis 1991).

Von 1991 bis 2007 der Landarzt Dr. Uli Teschner: Schauspieler Walter Plathe.

Wayne Carpendale als Dr. Jan Bergmann (2007 bis 2012).

Gruppenfoto mit den Hauptdarstellern aus „Der Landarzt“; den Bewohnern von Deekelsen: Nynne Bugat, Edith Behleit, Walter Plathe, Luise Bähr und Gerhard Olschewski (hintere Reihe von links nach rechts). Reihe vorn, ebenfalls von links nach rechts: Franziska Troegner, Heinz Reincke, Karina Thayental und Frederike Euler.

Titel:	Der Landarzt
Produktionsland:	Deutschland
Originalsprache:	Deutsch
Produktionsjahre:	1986–2012
Länge:	45 Minuten
Folgen:	297
	(in 22 Staffeln)
Genre:	Arztserie
Titelmelodie:	James Last

Heinz Reincke spielte in der Serie „Der Landarzt“ den Pastor Eckholm.

Wenn der Schutzmann ums Eck kommt – freut es den Fernsehzuschauer: „Großstadtrevier"

Die Hauptdarsteller der Polizeiserie „Großstadtrevier" bei einem Set-Termin in der Speicherstadt im Februar 2008 in Hamburg.

Sie gehört zu den beliebtesten und erfolgreichsten Vorabendserien im deutschen Fernsehen: Das „Großstadtrevier". Die Beamten des 14. Reviers liegen in der Publikumsgunst ganz oben. Am 9. Februar 2005 wurde das „Großstadtrevier" mit der begehrten Golden Kamera in der Kategorie Publikumspreis ausgezeichnet. Hauptdarsteller Jan Fedder widmete den Preis dem geistigen Vater (Erfinder und Regisseur der ersten Folgen) der Serie, Jürgen Roland.

Das Erfolgsrezept: Die Beamten lösen die Fälle mit Witz, Charme und Know How. In den bislang fast 300 Folgen gab es, anders als in den meisten Krimiserien, kaum blutüberströmte Leichen und wilde Schießereien. Vielmehr geht es um Alltagsprobleme der kleinen Leute. Mit List und Tücke werden Geiselnehmer, Bankräuber oder Diebe überführt – ohne dass wild um sich geschossen wird.

Auch Hamburg-Fans kommen auf ihre Kosten. Die Serie wird immer an Originalschauplätzen in der Hansestadt und Umgebung gedreht. Beliebte Motive sind natürlich der Kiez (die Reeperbahn und ihre vielen Nebenstraßen), der berüchtigte Hamburger Hafen und diverse Motive in der Innenstadt. Das Revier 14 ist im Realen ein altes Fabrikgebäude, das auch für andere Produktionen genutzt wird. Zu finden ist das Gebäude in der Mendelssohnstraße im Stadtteil Bahrenfeld in Hamburg. Die Innenräume sind wie eine „echte Wache" ausgestattet: mit Gefangenenzelle, Wartezone, mehreren Einzel- und einem Großraumbüro.

Die Wohnung von Revierleiter Dirk Matthies (gespielt von Jan Fedder) befindet sich in einem gelben Backsteinhaus in der Großen Elbstraße. In späteren Folgen wohnt der Revierchef Matthies auf einem Schiff („Repsold"). Beliebte Drehorte dieser Polizeiserie, die in der ARD ausgestrahlt und in den Landesprogrammen der ARD-Rundfunkanstalten (Dritte Programme) wiederholt wird, sind die Außenalster, Häuser und Wohnungen in Winterhude, sowie Parkanlagen in Altona, Eimsbüttel und Othmarschen. Spannende und lustige Geschichten – die gibt es im „Großstadtrevier" made in Hamburg.

Die heutige Außenstelle des „echten" Polizeireviers 14 am Messberg in Hamburg diente in den ersten beiden Staffeln als Kulisse für die Serie „Großstadtrevier". Dort wurden 1986 und 1987 viele Szenen gedreht.

In der Mendelssohnstraße in Hamburg-Bahrenfeld dient ein altes Bürogebäude als Kulisse für die Serie „Großstadtrevier".

1986 begannen die Dreharbeiten für die erste Folge vom Großstadtrevier mit dem Titel „Mensch, der Bulle ist ´ne Frau" unter der Regie von Jürgen Roland. Seitdem sind über 300 Folgen gedreht worden! Im Jahr 2011 drehte Studio Hamburg Produktion im Auftrag des Norddeutschen Rundfunks (NDR) die mittlerweile 25. Staffel – und ein Ende ist nicht zu sehen, schließlich sind im Jahr 2015 die Dreharbeiten für die 29. Staffel in vollem Gange.

Ellen Wegener (gespielt von Mareike Carrière) ging in die Geschichte ein. Sie war die erste Polizistin im Deutschen Fernsehen. Ellen Wegener, die gerade erst die Polizeischule abgeschlossen hat, ist die junge Partnerin des altgedienten, ernsten und oftmals grimmigen Polizisten Richard Block (gespielt von Arthur Brauss) im Streifenwagen Peter 14/2.

Richard Block hat anfangs große Vorurteile gegen Frauen im Polizeidienst. In Gesprächen mit Dietmar Steiner oder dem Revierleiter Rolf Bogner beispielsweise bekennt er sich zu seiner frauenfeindlichen Einstellung. Ganz anders Motorradpolizist Neithard Köhler (Kay Sabban), der laufend mit der oft modisch gekleideten Kollegin flirtet, was das Zeug hält. Engagiert und voller Arbeitseifer hängt sich Ellen Wegener in die Polizeifälle wie Ruhestörung, Schlägereien, Diebstählen, Prostitution und entflogenen Kanarienvögeln.

Aber auch vermisste Personen, Falschparker auf dem Parkplatz des Reviers, sowie Einbrüche oder Raube stehen auf dem Plan. Die ersten fünf Staffeln sind mit Richard Block und Ellen Wegener als Streifenpolizisten besetzt. Am Ende der fünften Staffel wird Richard Block zum Kommissar befördert und nach Schwerin versetzt. Dirk Matthies (Jan Fedder) übernimmt ab Folge 37 die Rolle des Partners von Deutschlands erster Polizistin.

Der Einstieg Dirk Matthies' ist kult: Die Beamten sitzen zu einer Dienstbesprechung bei Rolf Bogner im Büro. Es fallen Sätze wie „Nicht sehr erfreulich, was über ihn berichtet wird. Schon dreimal versetzt worden. Zuletzt war er auf dem Zwölften. Die Kollegen sind froh, dass sie ihn los sind." Wenig später: Die Tür öffnet sich und ein junger Mann betritt mit einer Zigarette in der Hand den Raum. „Mein Name ist Dirk Matthies. Ich soll hier ab heute Dienst machen." Neithard Köhler, etwas vorlaut, sagt: „Entzückend, Baby." „Na. Und der entzückende Typ müsste Neithard Köhler sein. Zumindest hat man ihn mir so beschrieben", erwidert Dirk Matthies. Seit der Folge „Der Neue" ist Dirk Matthies alias Jan Fedder im Team des 14. Reviers voll integriert. Ein echter Hamburger Jung mit schnoddriger Art und etwas vorlautem Mundwerk. „Sag Du zu mir. Ich kann die Siezerei sowieso nicht leiden." Dirk Matthies ist ein Kiezjunge und Kumpeltyp, der viele Prostituierte, Kneipenbesitzer und Kleinganoven (mit denen er dienstlich zu tun hat) persönlich kennt.

Dirk Matthies ist eigentlich ein herzensguter Mensch mit einem ausgeprägten Sinn für Gerechtigkeit. Mit Ellen bildet er lange Zeit ein gutes Team, und zwischen beiden knistert es. Sie ziehen vorübergehend zusammen – mal in Dirks, mal in Ellens Wohnung.

Rolf Bogner (Peter Neusser) ist der Leiter des Reviers 14 in Hamburgs Innenstadt und muss ab und an die Zügel aus der Hand nehmen. Er ist ein recht eigenbrötlerischer Mensch, der gerne für sich in seinem Chefbüro arbeitet und nur selten ins Großraumbüro dazustößt.

Weitere Kollegen im 14. Revier waren anfangs der dicke, ständig Erdnüsse essende und gemütliche Dietmar Steiner (gespielt von Edgar Hoppe) und Lothar Krüger (zunächst von Mischa Neutze gespielt, ab Folge 85 verkörpert Peter Heinrich Brix den Beamten). Kriminalrat Iversen (Lutz Mackensy) ist der Polizeichef der Kripo und schneit auch des Öfteren ins Revier 14 und sorgt mit seiner überheblichen, künstlich freundlichen Art für Auflockerung.

Eine weitere Auflockerung ist der Motorradpolizist Neithard Köhler. Mit seiner charmanten Art und lockeren Zunge, bezirzt er die Frauen. Er flirtet ständig mit seiner Kollegin Ellen Wegener – bekommt allerdings laufend eine Abfuhr. Bei seinen männlichen Kollegen ist er zwar beliebt, aber sie reagieren fast genervt, wenn er mit dem Anbaggern der Frauen loslegt.

In der sechsten Staffel gibt es zwei tragische Vorfälle: Polizeiobermeister Neithard Köhler verlässt unerwartet das Revier 14. Grund: Schauspieler Kay Sabban, der den Motorradpolizisten Köhler verkörperte, starb während der Dreharbeiten für die 55. Folge („Zapfenstreich", lesen dazu bitte den Nachruf auf Seite 95). Ein weiterer Vorfall betrifft Ellen Wegener. Sie stirbt im Krankenhaus, kurz nachdem ihr Kollege Matthies einen Heiratsantrag gemacht hatte.

Grund: Schauspielerin Mareike Carrière hatte sich für einen Ausstieg aus der Serie entschieden. So wurde ein Filmtod ins Drehbuch geschrieben.

In der siebten und achten Staffel gibt es kleine Veränderungen: Nach dem Tod von Ellen Wegener stößt Maike Bethmann (Britta Schmeling) ins Revier 14 als Nachfolgerin hinzu. Aus dem Streifenpolizisten Henning Schulz wird ein Zivilfahnder, der zusammen mit Hariklia (genannt

„Harry") Möller in Hamburgs Unterwelt verdeckt ermittelt. Beide werden ein Team – auf Zivilstreife. Sie fahren einen silberfarbenden Zivilwagen und sind laufend als ziviles Streifenkommando unterwegs. Harry und Henning sind aber nicht nur beruflich ein eingespieltes Team, sondern kommen sich im Laufe der Zeit auch privat näher. Zwar versuchen beide es vor den Kollegen zu verbergen, aber letztendlich kommen sie ihnen auf die Schliche, noch bevor sie sich selbst outen können.

Bei einem Besuch auf dem platten Land in Elli's Kneipe „Weißer Hirsch" sitzt das gesamte Kollegium des 14. Reviers auf der Terrasse, als Harry und Henning sich als Paar bekennen möchte. Schwups hält Revierleiter Dirk Voss (Wilfried Dziallas) eine Ansprache und verkündet die frohe Botschaft. Erstaunt fragen Harry und Henning nur lapidar: „das habt ihr die ganze Zeit gewusst?" Die Freude ist riesig, dass Harry und Henning endlich ein Paar sind. „Big Harry", damals Wirt in Elli's Kneipe, holt seine Gitarre und spielt eine Art Liebeslied für das frisch verliebte Polizisten-Paar. Aber dieser Part findet erst in der 19. Staffel, Folge 221 statt.

Wieder zurück in die siebte Staffel: Dirk Matthies und Maike Bethmann fahren zusammen auf dem Peterwagen 14/2 auf Hamburgs Straßen Streife. Nach kurzer Zeit (eine Staffel) muss Dirks Partnerin Maike Bethmann schon wieder gehen. Im Laufe der Zeit bekommt Dirk Matthies mehrfach neue Partnerinnen im Streifenwagen 14/2.

Zunächst sitzt Kollegin Tanja König (Andrea Lüdke) an der Seite von Dirk Matthies. Beide werden schnell ein sich ergänzendes Team und gute Freunde. Eines Tages verliebt sich Tanja König in einen sympathischen, jungen Mann und verlässt das 14. Revier. Wenig später nimmt Anna Bergmann (Dorothea Schenck) auf dem Streifenwagen Platz. Auch bei diesem Streifenpaar entwickelt sich eine private Freundschaft. Beide schlafen nach Dienstende gemeinsam in einer Wohnung, unternehmen etwas zusammen und gehen gemeinsam in die Kiez-Kneipe von Big Harry. Ab der 18. Staffel gibt es drastische Veränderungen in der Serie: Nach 17 Dienstjahren verlassen Revierleiter Rolf Bogner und Dietmar Steiner das Revier. Dies geschieht im Jahr 2003. Im selben Jahr verlässt auch Anna Bergmann die Wache. Eine neue Formation bringt Schwung ins Großstadtrevier: Bernd Voss (verkörpert von Wilfried Dziallas) wird in Folge 193 („Feuertaufe") der neue Chef. Kultbulle Dirk Matthies bekommt erneut eine neue Partnerin: Svenja Menzel (Ann-Cathrin Sudhoff). Unterdessen versucht Schutzpolizist Philip Caspersen (Matthias Walter), Dietmar Steiners Stuhl würdig zu füllen.

Polizist Caspersen macht zusammen mit Lothar Krüger Innendienst. Etwa ein Jahr später nimmt schon wieder eine neue Kollegin neben Dirk Matthies im Streifenwagen 14/2 Platz: Katja Metz (Anja Nejarri). Sie kommt von einem Polizeirevier in Hamburg-Billstedt und hat sich auf eigenen Wunsch ins Revier 14 versetzen lassen. Apropos versetzen lassen: Zum Ende der 20. Staffel lässt sich Revierleiter Bernd Voss in seinen wohlverdienten Ruhestand „versetzen".

Ab Staffel 21 dann der ultimative Wechsel in der Führungsebene des 14. Reviers: Dirk Matthies, langjähriger Streifenpolizist, wechselt vom Fahrersitz des Streifenwagens 14/2 auf den Chefsessel im Büro des Reviers. Und wieder ein neuer Kollege, der auf Peter 14/2 Platz nimmt, stößt ins Team des 14. Reviers: Ben Kessler (Sebastian Hölz). Zusammen mit Katja Metz fährt Kessler nun kreuz und quer durch Hamburg und sorgt für Recht und Ordnung. Es dauert eine gewisse Zeit, bis sich Katja und Ben aneinander gewöhnt haben und gut miteinander auskommen.

Lothar Krüger (Peter Heinrich Brix) bekommt für seine Tätigkeiten im Innendienst Unterstützung von Polizeischülerin Nicole Beck (Sophie Moser).

Nach einem arbeitsintensiven und anstrengenden Tag, fährt das Team des Reviers 14 meist in die um die Ecke liegende Kneipe von Big Harry (Harry Schmidt). Dort lassen die Beamten den Tag mit Gesprächen und oftmals mit eigener Musik ausklingen. Reichlich Humor, den einen oder anderen lockeren Spruch oder Witz – und immer wieder Geschichten aus dem Alltag Hamburger Polizisten. Das ist auch ab der 23. Staffel nicht anders. Aber erneut gibt es eine gravierende Veränderung: Dirk Matthies verlässt den Chefsessel und nimmt stattdessen wieder auf dem alten Bock (den geliebten Streifenwagen) Platz. Zunächst mit Kollegin Katja Metz, ab Staffel 24 wieder mit Anna Bergmann (alias Dorothea Schenck). Eine weitere Neuerung (seit der 22. Staffel): Frau Küppers (Saskia Fischer) übernimmt die Revierführung und sorgt mit ihrem harten Befehlston für frischen Wind innerhalb des Reviers. Sie ist damit nach 23 Jahren Großstadtrevier die erste Frau in der Führungsposition des jetzigen Kommissariats 14.

Zivilfahnderin Harry Müller bekommt seit Dienstbeginn (8. Staffel) insgesamt drei Kollegen an ihre Seite: von Staffel 8 bis 23 ermittelt Henning Schulz (Till Demtrøder) mit ihr undercover im Hamburger Kiez-Milieu. Dann taucht Hauke Jessen (Steffen Groth) auf, bevor Henning Schulz aus einem Afghanistan-Einsatz zurück kehrt und wieder für einige Folgen an ihrer Seite dem Bösen auf den Grund geht. In der 24. Staffel begleitet sie dann erneut Hauke Jessen, der nunmehr für längere Zeit aus dem nordfriesischen Husum in die Hansestadt zieht. Ab der 25. Staffel ermittelt Harry mit ihrem neuen Kollegen Mads Thomsen (gespielt von Mads Hjulmand).

Dies ist ein kurzer Streifzug in die vergangenen 29 Jahre der Kultserie „Großstadtrevier".

Wer Lust hat, bei den „Kultbullen aus Hamburg" in der Serie „Großstadtrevier" als Komparse mitzumachen, kann sich direkt an die Studio Hamburg FilmProduktion GmbH, Komparsen-Casting „Großstadtrevier", Mendelssohnstraße 13, 22761 Hamburg wenden. Eine formlose Bewerbung mit allen wichtigen Daten und aktuellen Fotos können auch per E-Mail verschickt werden: komparsen.gsr@gmx.de.

Von links: Marc Zwinc, Saskia Fischer, Jan Fedder, Dorothea Schenck, Maria Ketikidou, Sophie Moser und Mads Hjulmand sind Polizeibeamte im „Großstadtrevier" (2012).

Von links: Till Demtrøder, Wilfried Dziallas, Anja Nejarri, Matthias Walter, Jan Fedder, Tommaso Cacciapuoti, Maria Ketikidou und Peter Heinrich Brix sind Polizeibeamte im „Großstadtrevier" (2005).

Freunde und Helfer an Hamburgs Hafenkante:
Polizei- und Arztserie „Notruf Hafenkante"

Eine U-Bahn fährt an, im Hintergrund ist der große Hamburger Hafen zu sehen. Es folgt eine Luftbildaufnahme: vier Brücken, Dächer von Häusern und die Elbe sind zu sehen. Der Schriftzug Polizei erscheint, gezeigt wird dann das Backsteingebäude des fiktiven Polizeikommissariats 21 in der Speicherstadt. Ein Streifenwagen in blau-silber Lackierung fährt hektisch auf einer Steinkopfstraße entlang. Ein Mann liegt am Boden, wird von Polizisten in Handschellen gelegt und festgenommen. Ein Rettungstransportwagen fährt am Hafen entlang – im Hintergrund zwei Kräne. Vier Rettungssanitäter bringen einen Patienten auf einer Trage in ein Krankenhaus. Eine Ärztin – nur von hinten zu sehen – wartet im weißen Kittel auf die Ankunft des Patienten. Sie rennt dem Patienten und den Rettungssanitätern entgegen. Es folgt die Einblendung eines Bildes der Elbphilharmonie in der HafenCity. Nun erscheinen einzelne Darsteller mit Portraits- und Szenenbildern – die Namen der Schauspieler werden in weißer Schrift eingeblendet. Dazwischen immer wieder Schiffe, typische Hamburg-Bilder.

Kurz gefasst ist das der Vorspann der Serie „Notruf Hafenkante", mit fast fünf Millionen Zuschauern eine der erfolgreichsten Fernsehserien im Vorabendprogramm des Deutschen Fernsehens. Im Durchschnitt schauen sich etwa 3,6 Millionen Menschen jede einzelne Folge an.

„Notruf Hafenkante" erzählt über den spannenden Berufsalltag Hamburger Streifenpolizisten und Notärzte.

Das Konzept ist einfach: Wenn ein Bürger den Notruf wählt und einen Unfall oder ein Verbrechen meldet, sind wenige Minuten später Streifen- und Rettungswagen oft gemeinsam am Einsatzort, um Menschen zu helfen. Dabei können Minuten entscheidend sein, um Opfer zu retten oder Straftäter dingfest zu machen. Polizei und Rettungsdienste arbeiten eng zusammen – genau das ist das Konzept der erfolgreichen TV-Serie „Notruf Hafenkante".

Das Polizeikommissariat 21 liegt direkt am Hamburger Hafen; genauer gesagt in Hamburgs historischer Speicherstadt. Diese wiederum liegt direkt an Hamburgs Hafenkante, einer unverwechselbaren Uferlinie, die vom Museumshafen Övelgönne über den bundesweit bekannten Fischmarkt, vorbei an den St. Pauli-Landungsbrücken bis hin zur neuen Hafen-

City führt. Nils Meermann, Melanie Hansen, Wolle Wollenberger, Henning Storm, Boje Thomforde, Franzi Jung, Hans Moor, Claudia Fischer und unter anderem Kai Norden bilden unter der Leitung von Revierchef Martin Berger oder Wolf Haller ein beinahe unschlagbares Team – auch wenn sie alle niemals in ein und derselben Folge auftauchen. Denn seit der Ausstrahlung der ersten Folge am 4. Januar 2007 gab es mehrfache Formationswechsel.

Ihre Polizeiarbeit führt die Beamten des Öfteren ins nahe gelegene Elbkrankenhaus (EKH). Dort versorgen Dr. Philipp Haase, Dr. Anna Jacobi, Dr. Juliane Dietrich, Krankenschwester Frauke Prinz oder Dr. Jasmin Jonas in der Notaufnahme die Patienten, die von der Besatzung der Rettungswagen eingeliefert werden. Die drei Streifenteams vom Polizeikommissariat 21 (PK 21/1, 21/2 und PK 21/3) und das Team vom Elbkrankenhaus arbeiten allerdings nicht nur beruflich Hand in Hand: Nils und Anna sind in den ersten beiden Staffeln ein Paar und versuchen, sich mit Annas elfjährigem Sohn Ole ein gemeinsames Leben aufzubauen. Das ist oft nicht einfach. Denn beide haben Berufe, die sie ganz fordern und wenig Zeit fürs Private lassen. Beruflich haben Anna und Nils oft mit verschiedenen Seiten ein und desselben Falles zu tun: Während Nils und seine Kollegen polizeilich ermitteln, leisten Anna und das Rettungsteam des EKH erste medizinische Hilfe. Dabei spielt es keine Rolle, ob es sich um Opfer oder Täter handelt. Konflikte sind verständlicherweise vorprogrammiert: wenn die ärztliche Schweigepflicht nicht verletzt werden darf oder der Gesundheitszustand eines Patienten eine dringend benötigte Zeugenaussage nicht zulässt, knallt schon ab und an zwischen den beiden. Umgekehrt kann es aber auch Anna sein, die hinter einer angeblich harmlosen Verletzung oder einer seltsamen Erkrankung einen Fall vermutet und sodann die Polizei einschaltet.

Am Ende der zweiten Staffel wird Polizeihauptkommissar Nils Meermann in eine Polizeistation im Rheinland versetzt. Dr. Anna Jacob stirbt an den Folgen eines schweren Autounfalls.

In den Staffeln eins bis neun spielen Sanna Englund, Rhea Harder-Vennewald, Harald Maack, Thomas Scharff, Frank Vockroth, Markus Knüfken, Christian Tramitz, Wolke Hegenbarth, Uwe Fellensiek, Christoph M. Ohrt, Peer Jäger, Matthias Schloo, Bruno F. Apitz, Janette Rauch, Serhat Çokgezen, Hannes Hellmann, Minh-Khai Phan-Thi, Fabian Harloff, Gerit Kling, Manuela Wisbeck, André Willmund, Marie-Lou Sellem, Maike Bollow und Dennenesch Zoudé in durchgehenden Rollen in der

TV-Serie mit. Hautnah, spannend, packend und realistisch wird in „Notruf Hafenkante" von der gemeinsamen Arbeit von Polizisten und Notärzten in der Hansestadt Hamburg mit seinen fast 1,8 Millionen Einwohnern erzählt.

Damit verbindet die Serie erstmals im deutschen Fernsehen die beiden erfolgreichsten Formate – Krimi- und Arztserie – in einem Konzept. Alles zusammen nicht als künstliches Gebilde, sondern abgeschaut aus der Realität. Hamburgs bekannte Davidwache (Polizeikommissariat 15) auf der berühmten Reeperbahn, deren Fälle oft ins ehemalige Hafenkrankenhaus (nur wenige Meter Luftlinie entfernt) führten, diente den Drehbuchautoren als Vorlage. Viele Schauspieler fuhren tatsächlich mit „echten" Polizisten auf Streife, um einen realistischen Eindruck des Polizeidienstes zu bekommen. Gleiches gilt für die Darsteller, die die Ärzte und Rettungsassistenten verkörpern. Auch sie haben zum Großteil im Rahmen eines Schnupperpraktikums den „echten" Ärzten in einem Krankenhaus über die Schulter geschaut.

Damit kommt dem Fernsehzuschauer die Serie nicht nur authentisch vor, sondern sie ist auch authentisch. Mit Ausnahme der Innenaufnahmen des PK 21 und des Krankenhauses wird die Serie komplett an Originalschauplätzen in Hamburg und Umgebung gedreht.

Mit Beginn der siebten Staffel (wurde am 20. September 2012 erstmalig ausgestrahlt) bekommt die Serie frischen Wind. „Wir haben in den einzelnen Folgen ordentlich aufgerüstet: Rettungshubschrauber und Polizeiboote sorgen für noch mehr Tempo und Dynamik in der Serie. Und vor allem gibt es spektakuläre Bilder und noch mehr Hamburger Lokalkolorit", erläuterte der Vorsitzende Geschäftsführer der Studio Hamburg FilmProduktion, Michael Lehmann, bei einem Pressetermin an Hamburgs Landungsbrücken.

Im April 2013 der Drehstart zur achten Staffel. Neues Mitglied im Team des Polizeikommissariats 21 ist Hannes Hellmann als Polizeioberrat Wolf Haller. Sein Einstieg: Haller möchte das PK 21 zum Vorzeigerevier machen. Mit seinem selbstbewussten und zynischen Auftritt stößt er jedoch auf die Skepsis seiner Mitarbeiter. Gleich der erste Tag wird für den neuen Chef zur Bewährungsprobe. Ein aus der Haft entlassener Mann macht ihn persönlich für sein angeblich erlittenes Unrecht verantwortlich.

Das Polizeiteam wird auch in der achten Staffel vom bekannten Darstellerensemble um Rhea Harder-Vennewald und Sanna Englund gebildet, die beide seit der ersten Staffel in „Notruf Hafenkante" mitspielen. Ebenfalls wieder dabei sind unter anderem Janette Rauch als Polizeihauptmeisterin Claudia Fischer, Matthias Schloo als Polizeikommissar Mattes Seeler und Bruno F. Apitz als Hauptkommissar Hans Moor. In der Klinik versehen Notärztin Dr. Jasmin Jonas (Gerit Kling) und Dr. Philipp Haase (Fabian Harloff) ihren Dienst.

Natürlich tauchen auch in der achten Staffel Prominente wie Rebecca Mir, Sila Sahin, Gedeon Burkhard, Despina Pajanou und Nick Wilder mit Gastrollen im PK 21 und dem nahegelegenen Elbkrankenhaus auf.

Mit Start der Dreharbeiten im Mai 2014 beginnt für das Polizeikommissariat 21 und die Ärzte des Elbkrankenhauses ihr neuntes Dienstjahr – zwar nicht auf dem Bildschirm, aber direkt vor Ort. In den 20 neuen Folgen der neunten Staffel verstärkt Minh-Khai Phan-Thi (Fernsehmoderatorin, Filmemacherin, Schauspielerin unter anderem „Tatort", „Nachtschicht") das Ensemble als Mutterschaftsvertretung für Polizeiobermeisterin Franzi Jung alias Rhea Harder-Vennewald. Mehr dazu lesen Sie auf Seite 95 im Kapitel „Ausblick auf die zehnte Staffel".

Das Buch „Das Team vom PK 21 und EKH" gibt Einzelheiten über die Drehorte
der Serie, beschreibt die Charaktere der Polizisten vom PK 21 und der Ärzte und Mitarbeiter des EKH und stellt die Hauptdarsteller vor.

Natürlich sind auch berühmte Gastdarsteller berücksichtigt, die in den bisher 217 ausgestrahlten Folgen auftauchen: so standen schon Katja Studt, Rolf Becker, Nina Hoger, Mariella Ahrens, Jenny Elvers-Elbertzhagen, Jorge Gonzalez, Rufus Beck, Jürgen Drews, Jimi Blue Ochsenknecht, Hans Peter Korff, Lilo Wanders und Lotto King Karl, sowie beispielsweise Katy Karrenbauer vor der Kamera und wirken in einzelnen Folgen mit.

Ferner sorgt Karl Dall (Fernsehmoderator, Sänger und Komiker) in mehreren Folgen für Wirbel: Er spielt Franzis Vater, der nach vielen Jahren als Weltenbummler plötzlich im Hamburger Kommissariat 21 auftaucht.

Aktuell (Stand: Oktober 2015) wird die Serie „Notruf Hafenkante" bezüglich der Komparsen von der Agentur Extra Faces betreut. Wer also Lust hat, in der kombinierten Arzt- und Polizeiserie als Komparse mitzuwirken, kann sich kostenfrei im Internet unter www.extra-faces.de registrieren. Das Online-Formular ist unter http://extra-faces.de/register/de/ html zu finden.

*Die Hauptdarsteller in den ersten Folgen der Serie „Notruf Hafenkante"
von links: Frank Vockroth, Rhea Harder-Vennewald, Produzent Michael
Lehmann, Marie-Lou Sellem und Thomas Scharff.*

*Die Hauptdarsteller in den ersten Folgen der Serie „Notruf Hafenkante"
posieren für ein Pressefoto im Jahr 2006.*

Von Links: Bruno F. Apitz, Sanna Englund und Matthias Schloo bei Dreharbeiten für „Notruf Hafenkante" am Hamburger Hafen. Im Hintergrund die HafenCity.

Polizistin Franziska „Franzi" Jung (gespielt von Rhea Harder-Vennewald, links) und Kollegin Melanie „Melli" Hansen (Sanna Englund). Beide absolvieren ihren Streifendienst am PK 21, das auf dem Foto rechts in Höhe der Schulterklappe von Melanie Hansen zu sehen ist.

Gruppenfoto mit einem Teil der Mannschaft des PK 21 und der Oberärztin Dr. Jasmin Jonas vom Elebkrankehaus auf einer Fähre auf der Elbe. Abgedreht: die 200. Folge der Serie „Notruf Hafenkante".

Grundregeln am Set

Es gibt keine Tätigkeit, bei der nicht gewisse Grundregeln zu beachten sind – so auch bei der Komparserie. Die ein oder andere Grundregel mag auf den ersten Blick banal klingen und als selbstverständlich abgehakt werden. Keinesfalls sollten diese Regeln „auf die leichte Schulter" genommen werden. Denn: jede einzelne dieser Grundregeln ist elementar und sollte dringend eingehalten werden. Schließlich wünscht man sich doch als Komparse, dass das Telefon wieder klingelt und man neue Auftritte als Komparse in seinen Terminkalender eintragen kann...

 Seien Sie pünktlich am Set! Wenn Sie morgens um 7.30 Uhr an einem bestimmten Drehort aufschlagen sollen, seien Sie vorsichtshalber schon um 7.15 Uhr dort. Bedenken Sie, dass Sie den Komparsenbetreuer gegebenenfalls nicht kennen und bei dem Menschenauflauf am Set nicht sofort finden werden.

 Nehmen Sie keine Bekannten oder Freunde mit ans Set.

 Am Set herrscht generell striktes Alkohol- und Drogenverbot.

 Am Set muss absolute Ruhe herrschen, damit sich das Team besprechen und die Darsteller ihre Texte durchgehen können. Daher ist es ein unbedingtes Muss, sein Handys komplett auszuschalten.

 Auch wenn die Wartezeit länger dauern sollte: verlassen Sie niemals das Set, ohne dem Komparsenbetreuer Bescheid zu sagen.

 Am Set selbst sollte nicht gegessen oder getrunken werden. Meist gibt es Aufenthaltsräume oder -busse, wo Essen und Trinken oder Raucherpausen möglich sind.

 Merken Sie sich Ihre Bewegungen und Ihre Garderobe, um die gerade gedrehte Szene öfter auf gleiche Weise zu wiederholen.

 Schauen Sie niemals in die Kamera. Agieren Sie nach Anweisung ganz natürlich, nicht verkrampft. Tun Sie so, als stünde da weder eine Kamera, noch Stative mit großen Beleuchtungskörpern noch ein ganzes Filmteam. Konzentrieren Sie sich auf Ihren Auftrag. Wenn Sie beispielsweise mit ihrem Hund über eine Straße gehen müssen, schauen Sie zu Ihrem Hund oder zu anderen Komparsen, die als Passanten als Beispiel auf dem Gehweg stehen. Schauen Sie dabei niemals in die Kamera. Dies sehen sowohl der Kameramann als auch der Regisseur auf seinem Monitor.

 Fragen Sie niemals nach dem Drehschluss. Sie müssen wissen: selbst der Regisseur, kann nicht im Voraus sagen, wann genau Drehschluss und somit Feierabend sein wird. Die Dreharbeiten werden auch nicht zügiger beendet, wenn zehn Mal nachgefragt wird. Produktionen und Komparsenagenturen empfehlen immer, sich am Drehtag nichts anderes vorzunehmen und den gesamten Tag zu blocken. Ihr Komparsenauftritt kann zwar schon nach zwei Stunden, aber auch länger als neun oder zehn Stunden (mit Drehpause) dauern.

 Bei der Buchung bekommen Sie meistens mitgeteilt, welches Outfit Sie an dem Drehtag tragen sollen.Diese Ansage sollten unbedingt beachten. Darüber hinaus sollte immer noch eine „zweite Garderobe" mitgebracht werden. Damit ist aber nicht gemeint, dass zwei blaue Jeans und zwei schwarze Hemden mitgebracht werden, sondern unterschiedliche Garderobe. In den meisten Fällen ist dies sogar Bestandteil Ihrer Buchung. Bei der Auswahl der Garderobe sollten insbesondere knallige Farben wie rot, orange oder grün, aber auch Farben wie weiß, und wenn nicht anders angegeben wurde, zuviel schwarz. Grundsätzlich macht es auch Sinn, immer eine kleine Handtasche oder einen Rucksack dabei zu haben. Beim Dreh historischer Filme bekommen Sie meistens das Kostüm von der Produktion gestellt.

 In der Regel gibt es am Set immer ein Catering. Allerdings kann es – abhängig vom Produktionsunternehmen oder dem Catering – stark variieren. Daher empfiehlt es sich, nicht mit leerem Magen zum Set zu kommen und sich selbst etwas mitzunehmen. Kleine Süßigkeiten steigern zudem meist die gute Laune...

Eine Filmcrew ist wie eine Familie, und Familienmitglieder duzen sich untereinander. In der Regel werden auch Komparsen geduzt und mit Instruktionen zu dem Dreh versehen. Allerdings sollten Sie Personen der Filmproduktion höflichkeitshalber erst einmal siezen. Das Du kommt von ganz alleine im Laufe der Komparsentätigkeit.

 Komparsen sollten dringend nachfragen, wenn sie am Set etwas nicht verstanden haben. Nichts ist schlimmer, wenn man so tut, als würde man alles verstehen. Spätestens bei der ersten Probe oder dem Dreh merkt der Regieassistent, dass da etwas nicht stimmt. Dann lieber einmal mehr nachfragen.

 „Dumm rumstehen" ist ebenfalls nicht gern gesehen. Gerade bei Umbaumaßnahmen heißt es: bitte stehen Sie dem Filmteam nicht im Wege. Und kommen Sie bitte nicht auf den Gedanken, beim Umbauen selbst Hand anzulegen und mitzuhelfen. Dies ist zwar nett gemeint, aber aus Versicherungsgründen nicht erlaubt. Mitdenken (wenn zum Beispiel im Hintergrund etwas ist, was bei der Einstellung zuvor so nicht war) hingegen ist immer gern gesehen.

 Wenn es heißt „Und Ruhe, bitte!" bedeutet es absolute Ruhe für alle. Absolutes Stillschweigen ist ab dem Moment angesagt! Auch leises Flüstern kann eine Aufnahme kaputt machen und dies sollte tunliest vermieden werden. Heißt es dann wieder „Danke, Aus" kann wieder in normaler Lautstärke kommuniziert werden.

 Kommen Sie bitte am Set nicht auf die Idee, nach Autogrammen oder Selfies (siehe auch Fotos am Set auf Seite 129) zu fragen. Erst wenn die Dreharbeiten beendet sind und sich dann die Möglichkeit dazu findet, können Sie Ihren Lieblingsschauspieler nach einem Autogramm ansprechen.

 Wenn möglich kommen Sie bitte ungeschminkt ans Set. Ein Maskenbilder vor Ort nimmt Sie so oder so in Augenschein und erstellt meist ein eigenes Make-Up nach Vorgaben des Regisseurs. Bitte lassen Sie Ihre persönliche Meinung zu dem Make-Up außer acht...die ist nicht gefragt für die Dauer des Drehs.

Keine Fotos am Set! Leider hat sich eingebürgert, dass viele Komparsen am Set Fotos machen. Grundsätzlich sollten aber keine Fotos gemacht werden. Denn: sein Smartphone darf erstens sowieso niemand bei den Dreharbeiten am Set eingeschaltet haben. Zweitens: Eine zusätzliche Digitalkamera in seine Hosentasche zu stecken, kann eine „Beule" verursachen, die bei den Kostümbildern nicht gern gesehen ist. Drittens: für rein private Zwecke ist es zwar nicht verboten, Fotos vom Set zu machen. Aber viele laden diese Bilder dann doch früher oder später in soziale Netzwerke (Instagram, Facebook,...) hoch und spätestens dann können auch Persönlichkeitsrechte betroffen sein. Nämlich immer dann, wenn Personen auf den Fotos abgebildet sind. Es spricht generell nichts dagegen, nach den Dreharbeiten seinen Lieblingsschauspieler nach einem gemeinsamen Foto zu fragen. Dann sind Sie und der Schauspieler auf dem Foto drauf und dann kann ein solches Bild auch veröffentlicht werden. Problematisch wird es immer dann, wenn neben dem Schauspieler auch Mitglieder der Filmcrew zu erkennen sind. Ob die es gern haben, auf einem Foto abgebildet zu werden, dass dann im Internet veröffentlicht wird? Wohl kaum. Daher die Grundregel: keine Fotos am Set.

 Wenn Sie Requisiten erhalten, dürfen diese nach dem Dreh nicht mitgenommen, verändert oder gegessen werden. Die Requisiten sind nicht beliebig vorhanden.

 Falls Sie einen Tagesablauf (die so genannte Disposition) mit Rufnummern, Adressen von Regisseuren, Kameraleuten oder gar Schauspielern in Ihre Hände bekommen, beachten Sie, dass Sie diese Informationen nicht an Dritte weiter geben dürfen! Es gilt bei diesen Daten absolute Geheimhaltung. Gleiches gilt teilweise auch für den Inhalt der zu drehenden Szene. Es gibt Filme (meist Kinofilme), wo Komparsen sogar eine separate Verschwiegenheitsklausel unterschreiben müssen.

 Wenn Sie all diese Grundregeln bei Ihren Drehs beachten, werden Sie zukünftig gerne wieder bei Filmarbeiten gesehen und ganz sicher erneut gebucht.

Als Komparse im Film – Leidenschaft zählt!

Auch wer nicht zur Schauspielerriege gehört, sondern einfach nur nebenberuflich im Rampenlicht stehen möchte, für den bieten sich in verschiedenen Film- und Fernsehproduktionen unterschiedliche Jobmöglichkeiten. Wie bereits erwähnt, gehören Komparsen in Serien, Reihen und Filmen, Kleindarsteller in Doku-Soaps, Kandidaten in Rateshows oder Teilnehmer in Talkshows zwar nicht zu den professionellen Schauspielern. Aber sie sind aus dem Film- und Fernsehgeschäft schlicht nicht wegzudenken. Und ja, natürlich werden die Komparsentätigkeiten auch vergütet. Je nach Dauer und der örtlichen Gegebenheit liegt die übliche Komparsengage in der Regel zwischen 60 Euro (bis sieben Stunden) und 85 Euro (bis zehn Stunden) brutto pro Drehtag. Zudem kann mit ein wenig Glück die Gage durch diverse Zulagen aufgebessert werden. So führen beispielsweise genaue Angaben auf der Setcard oftmals zu besseren Vermittlungschancen. Tipp: Personen mit besonderen Berufen oder Fähigkeiten werden ab und zu für spezielle Komparseneinsätze gesucht und erhalten dann in der Regel eine Spielzulage.

Außerdem kann es sein, dass Komparsen mit einer (kleinen) Sprechrolle oder sogar für kleinere Nebenrollen gebucht werden, wenn derjenige bereits Erfahrungen als Komparse aufweisen kann und vor allem die Gelegenheit hatte, sein Talent zu zeigen. Auch hierfür wird normalerweise eine Spielzulage gezahlt. Es gibt sogar eine Zulage, wenn jemand besondere Garderobe oder Requisiten besitzt. Ist jemand beispielsweise in seiner Freizeit Judoka, sollte dies in der Setcard eingetragen werden. Auch Haustiere fallen unter diese Rubrik. Wenn Produktionen solche Garderoben (Judo-Anzug mit Gurt) oder Requisiten (eine Angel, Fahrrad, Rollschuhe) anfragen, wird dafür meist eine Kostümzulage gezahlt.

Komparsen mit eigenem Auto, Boot, Mofa oder anderen Fahrzeugen werden ebenfalls immer wieder angefragt und erhalten eine Ausstattungszulage. Manch ein Komparse bessert sich auch seine Gage durch Nachtdrehs auf. Zwischen 22 und 6 Uhr gibt es meist eine Nachtzulage. Wie auch immer ein Komparse versucht, möglichst viel Geld herauszuholen: ohne Leidenschaft an einer Komparsentätigkeit läuft es nicht. Das ist das A und O. Als Komparse ins Fernsehen? Mit all den Hintergrundinfos und Tipps in diesem Buch fällt es dem Leser hoffentlich nun leicht(er) diese Frage mit einem Ja zu beantworten...

Weitere Produkte von Matthias Röhe

Danke Landarzt – 26 Jahre rezeptfreie Unterhaltung

„Der Landarzt", ein Projekt, das sich im Laufe der Zeit zu einer der erfolgreichsten Familienserien im deutschen Fernsehen entwickelt. Die Serie mit Christian Quadflieg, Walter Plathe und von 2008 bis 2012 mit Wayne Carpendale in der Hauptrolle ist einer der wenigen Dauerbrenner auf dem Fernsehbildschirm. Zudem ist sie eine der am längsten laufenden Arzt- beziehungsweise Familienserien in der Fernsehgeschichte. In diesem Buch stellt Autor Matthias Röhe die Darsteller vor, beschreibt die Drehorte der Serie und zeigt eine Auflistung aller bisher gezeigten Folgen. Das große Landarzt-ABC mit Begriffen rund um die Serie, Interviews mit Gerhard Olschewski, Franziska Troegner und weiteren Darstellern, eine umfangreiche Vorstellung prominenter Gastdarsteller runden den Inhalt dieses Buches ab. Das Highlight dürften die zahlreichen Fotos von den Dreharbeiten sein. Set-Fotos, Arbeitsfotos, Portraits und Szenenfotos stellen einen großen Teil dar. In Fanbuch für alle Landarzt-Fans. Von der ersten bis zur letzten Filmklappe (1986 bis 2012). Danke Landarzt – 26 Jahre rezeptfreie Unterhaltung. ISBN: 978-3-7357-7921-2. Preis: 9,99 Euro. www.FoTe-Press.de/produkte.

Der Landarztfotograf – ein Portrait

Die Vorabendserie „Der Landarzt" ist ein Projekt, das sich im Laufe der Zeit (seit 1987) zu einer der erfolgreichsten Familienserien im deutschen Fernsehen entwickelt hat. Der Schleswiger Fotograf Kai Labrenz war von 1992 bis 2007 zum Teil als einziger Fotograf am Set und konnte einzigartige und exklusive Fotos mit seiner Spiegelreflexkamera einfangen. In dem Buch „Der Landarztfotograf" werden Erlebnisberichte von Kai Labrenz über die Dreharbeiten wiedergegeben – mit aussagekräftigen Fotos versehen. Set-Fotos, Arbeitsfotos, Portraits sämtlicher Haupt- und Nebendarsteller, sowie schöne Szenenfotos sind in diesem Buch enthalten. Freuen Sie sich auf tolle Fotos von den Klatschtanten aus Deekelsen, dem Landarzt Dr. Uli Teschner, Pastor Eckholm, sowie vielen Schwestern aus der Praxis. Für Fans der TV-Serie ist dieses Buch ein unbedingtes Muss im Bücherregal. Neben Erlebnisberichten und zahlreichen Fotos enthält dieses Werk zudem das Kapitel „Mit Kai Labrenz auf den Spuren des Landarztes". Sie bekommen interessante Hintergründe zu den genauen Drehorten der Serie. Der Fotograf Kai Labrenz, geboren 1961: über eine Ausbildung zum Bauzeichner erwachte sein Interesse an der Fotografie. Foto-Dokumentationen der Dreharbeiten zu vielen bekannten TV-Serien und –Produktionen wie „Tatort", „Der Fürst und das Mädchen" oder „Der Landarzt". Fotograf des Titels „Filmland Schleswig-Holstein". „Der Landarztfotograf", BoD, ISBN: 978-3-7347-5528-6. www.FoTe-Press.de/produkte.

Die Kultbullen aus Hamburg

Anfang 1986 fällt die erste Filmklappe — am 16. Dezember des gleichen Jahres wird die erste Folge unter dem Titel „Mensch, der Bulle ist `ne Frau" ausgestrahlt. Die Serie Großstadtrevier ist geboren und vom ersten Tag an erfolgreich. So erfolgreich, dass gleich nach Ausstrahlung weitere Folgen produziert und gesendet werden. Heute schreiben wir das Jahr 2011 und noch immer werden in Hamburg und Umgebung Folgen für diese Serie gedreht. Zwar sind in der Zwischenzeit viele Köpfe gerollt, aber Witz und Charme sind geblieben. Bemerkenswert: in den vergangenen 25 Jahren gab es nicht mal zehn Todesfälle in der Serie und wenig Blutvergießen.

In dem Buch „Die Kultbullen aus Hamburg" werden Höhe- und Tiefpunkte der vergangenen 25 Jahre skizziert. Es ist eine ideale Ergänzung zu allen bisherigen Produkten der TV-Serie. Die Hauptdarsteller von 1986 bis heute (von Arthur Brauss, Kay Sabban, Mareike Carriére über Peter Neusser, Dorothea Schenck und Edgar Hoppe bis hin zu Jan Fedder, Marc Zwinz und Sophie Moser) werden vorgestellt.

Es gibt Suchrätsel mit Begriffen zur Serie, Interviews mit einigen Darstellern, die prominenten Gastdarsteller werden vorgestellt. Zahlen, Daten, Fakten über die TV-Serie „Großstadtrevier" werden gegeben. Eine Auflistung aller bisher ausgestrahlten Folgen runden den Inhalt ab – außerdem gibt es das Kapitel „300. Folge „Großstadtrevier" mit Informationen über die Dreharbeiten in Bad Segeberg.

Außerdem sind in diesem Buch ganz viele Fotos von den Darstellern, Arbeitsfotos, Setbilder und viele Portraits der Darsteller enthalten. Erschienen im August 2011 im Verlag Books on Demand, Norderstedt. ISBN-13: 978-3-8423-7329-7. Seitenzahl: 124. Preis: 9,99 Euro.

Gleicher Inhalt, gleicher Name. Aber in diesem Buch sind weit über 370 tolle Farbfotos – und darüber hinaus zahlreiche weitere Fotos in schwarzweiß zu sehen. Auf 104 Seiten finden Sie auch in diesem Nachschlagewerk alles Wissenswertes zur Polizeiserie „Großstadtrevier". Das Buch „Die Kultbullen aus Hamburg" ist am 27. Oktober 2011 erschienen, ISBN: 978-3-8423-8349-4. Preis: 11,99 Euro, Books on Demand, Norderstedt.

Diagnose langlebig: Der Landarzt

Es ist ein tolles Nachschlagewerk über die Fernsehserie „Der Landarzt". Ein interessantes Buch mit vielen Informationen über die
TV-Serie, einer genauen Beschreibung „Wo ist Deekelsen" (den genauen Drehorten) und vielen Fotos von den Dreharbeiten. Tolle Set-
fotos, Szenenfotos, Portraits und Gruppenfotos von den Darstellern
der Serie. Von den Anfängen mit Christian Quadflieg, Walter Plathe bis Wayne Carpendale. Ausführlich geht der Autor auf die Anfänge mit Uschi Glas ein, die während der
Dreharbeiten schwanger wurde und die Filmarbeiten beenden musste. Gila von Weitershausen übernahm die Rolle der Annemarie Mattiesen, die den Fernsehzuschauern
als beliebte Lehrerin aus Deekelsen bekannt ist. Alle bis zum Jahr 2010 ausgestrahlten
Folgen sind chronologisch aufgelistet, zudem stellt der Autor die Hauptdarsteller de-
tailliert vor. Zudem gibt es das Kapitel „gestorben in Deekelsen". Dort beschreibt der
Autor, wer in den vergangenen Jahren verstorben ist. Das Buch „Diagnose langlebig:
Der Landarzt" gibt es unter www.FoTe-Press.de/produkte und in jeder Buchhandlung.
ISBN-13: 978-3-8391-3285-2, Preis: 9,99 Euro.

Raubtierjournalismus – der Kampf...

„Raubtierjournalismus – der Kampf ums beste Bild" beschreibt den Arbeitsalltag eines
Fotografen, der Tag für Tag in den Pressegräben steht und am Roten Teppich promi-
nente Persönlichkeiten abschießt. Ein Kampf ums beste Bild, denn neben ihm stehen
Dutzende von „Kollegen", die einem das Leben ganz schön schwer machen. Tricks und
Tipps, wie man gute Pressefotos fertigt und hinterher über eine Agentur vermarktet,

stehen in dem 148 Seiten umfassenden Buch. Wie kann
man mit seinen Bildern Geld verdienen? Worauf kommt
es bei einem Foto an? Wie sieht es mit den Rechten aus?
Darf ich einfach Promis fotografieren und dann mit den
Fotos machen, was ich will? Ein Hamburger Fotograf
erzählt, wie er tagein und tagaus Pressetermine wahr-
nimmt, Fotos von Promis produziert, diese hinterher mit
einem Programm fachgerecht beschriftet und bearbeitet
und über eine Fotoagentur in Deutschlands Zeitungen
und Zeitschriften bringt. Es ist ein langer Weg zu einer
Veröffentlichung in einer Zeitung, Zeitschrift, Illustrier-
ten oder einem Onlinemedium. Ein langer, ein kämpfe-
rischer Weg. In keinem anderen Beruf ist der Schritt vom
Freund zum Feind so kurz, wie bei den Pressefotografen. Eben noch freundschaftlich
geplaudert, steht auf einmal ein Feind neben einem. Mit allen Mitteln geht es hier um
das beste Bild. Gerangel, Geschubse, Gedränge, Geschrei – immer wieder Beleidi-
gungen, Verleumdungen, Manipulationen, Diebstähle. All dies gehört zum Berufsbild
Pressefotograf dazu. ISBN-13: 978-3-8391-6680-2, Preis: 11,99 Euro.

Diagnose langlebig:„Der Landarzt"

Das Buch: mit vielen Informationen über die TV-Serie, einer genauen Beschreibung „Wo ist Deekelsen" und vielen Fotos von den Dreharbeiten. Tolle Setfotos, Szenenfotos, Portraits und Gruppenfotos von den Darstellern der Serie. Von den Anfängen mit Christian Quadflieg, Walter Plathe bis Wayne Carpendale. Ausführlich geht der Autor auf die Anfänge mit Uschi Glas ein, die während der Dreharbeiten schwanger wurde und die Filmarbeiten beenden musste. Gila von Weitershausen übernahm die Rolle der Annemarie Mattiesen, die den Fernsehzuschauern als beliebte Lehrerin aus Deekelsen bekannt ist. Alle bis zum Jahr 2009 ausgestrahlten Folgen sind chronologisch aufgelistet, zudem stellt der Autor die Hauptdarsteller detailliert vor. Das Buch „Diagnose langlebig: Der Landarzt" ist ausschließlich unter www.FoTe-Press.de/produkte zu bestellen.

Hochglanzmagazin: Diagnose langlebig:„Der Landarzt"

Seit dem Jahr 2000 begleitet Matthias Röhe die Dreharbeiten am Set des Landarztes und kennt sich mit der Serie gut aus. Neben einem ausführlichen Landarzt-ABC mit Begriffserklärungen zur Serie werden aktuelle wie auch frühere Darsteller portraitiert. Von Christian Quadflieg über Walter Plathe bis hin zu Wayne Carpendale. Auch prominente Gastdarsteller finden im Magazin ihren Platz: Die Ministerpräsidenten Björn Engholm und Peter-Harry Carstensen beispielsweise. „Wir haben Fotomaterial von Uschi Glas, die 1986 die weibliche Hauptrolle besetzte und wegen ihrer Schwangerschaft die Dreharbeiten abbrechen musste. Etwa 60.000 D-Mark wurden damals in den Sand gesetzt", gibt Matthias Röhe einige Details preis. Einen weiteren Schwerpunkt bildet die Rubrik „Wo ist Deekelsen" mit vielen Geheimtipps über die Drehorte. Hunderte Touristen aus ganz Deutschland, Österreich und der Schweiz kommen nach Schleswig-Holstein, um sich die Drehorte im Original anzuschauen. Landarzt-Kreuzwort-Rätsel, ein Landarzt-Rezept – ideal zum Nachkochen, einen Überblick über die einzelnen Folgen, sowie die Rubrik „Gestorben in Deekelsen" – wer alles in den vergangenen Jahren verstorben ist – runden das Informationsmagazin ab. Auf vielen Seiten findet sich eine exklusive Foto-Visite mit einmaligen Szenenfotos. Für jeden Landarzt-Fan ist das neue Hochglanzmagazin (erschienen 01/2010) ein Muss! Das Magazin, mit Hunderten Farbfotos aus den Jahren 1986 bis 2010, kann unter www.FoTe-Press.de/Deekelsen bestellt werden und kostet nur 3,99 Euro.

Diagnose langlebig:„Der Landarzt"

Sie gehört zu den beliebtesten Serien im deutschen Fernsehen und ist seit 1987 zu sehen: Der Landarzt. Seit dem Jahr 2000 begleitet Matthias Röhe die Dreharbeiten am Set und kennt sich mit der Serie gut aus. Neben einem Landarzt-ABC mit Begriffserklärungen zur Serie werden aktuelle wie auch frühere Darsteller portraitiert.

Auch prominente Gastdarsteller finden im Magazin ihren Platz: Die Ministerpräsidenten Björn Engholm und Peter-Harry Carstensen beispielsweise. „Wir haben Fotomaterial von Uschi Glas, die 1986 die weibliche Hauptrolle besetzte und wegen ihrer Schwangerschaft die Dreharbeiten abbrechen musste. Etwa 60.000 D-Mark wurden damals in den Sand gesetzt", gibt Autor Matthias Röhe einige Details preis.

Einen weiteren Schwerpunkt bildet die Rubrik „Wo ist Deekelsen" mit vielen Geheimtipps über die Drehorte. Hunderte Touristen aus ganz Deutschland, Österreich und der Schweiz fahren jährlich nach Schleswig-Holstein, um sich die Drehorte im Original anzuschauen. Landarzt-Kreuzwort-Rätsel, ein Landarzt-Rezept – ideal zum Nachkochen, einen Überblick über die einzelnen Folgen, sowie die Rubrik „Gestorben in Deekelsen" – wer alles in den vergangenen Jahren verstorben ist – runden das Informationsmagazin ab. Auf vier Seiten findet sich eine exclusive Foto-Visite mit einmaligen Szenenfotos. Für jeden Landarzt-Fan ist dieses Hochglanzmagazin ein Muss! Das Magazin, mit Hunderten Farbfotos, kann unter www.FoTe-Press.de/Deekelsen oder www.FoTe-Press.de/produkte bestellt werden und kostet nur 2,95 Euro.

Zeitung „20 Jahre Der Landarzt"

Der Vorläufer des Hochglanzmagazins (siehe oben) war die am 20. Februar 2007 erschienene Sonderzeitung „20 Jahre Der Landarzt". Die Serie feierte an exakt diesem Tag ihr 20. Bestehen. Aus diesem Grund gibt es die Sonderzeitung mit interessanten Artikeln rund um die erfolgreiche Arzt-Serie mit Christian Quadflieg, Walter Plathe und Wayne Carpendale in den Hauptrollen! Das kleine Landarzt-ABC, Interview mit Wanja Teschner alias Till Demtrøder, die Darsteller im Portrait (tolle Fotos der Schauspieler), „Wo ist Deekelsen" mit vielen Geheimtipps (wo die Serie genau gedreht wird), ein Landarzt-Kreuzwort-Rätsel, sowie viele Informationen über die Dreharbeiten. Wussten Sie, dass Uschi Glas anfangs vor der Kamera stand und dann den Dreh wegen Schwangerschaft abbrechen musste? Viele Hintergrundinfos zu den Dreharbeiten in Kappeln und Umgebung mit zahlreichen Fotos. Die Sonderzeitung kann ganz einfach auf der Homepage www.FoTe-Press.de/Deekelsen bestellt werden.

Geschenkidee: verschiedene Foto-CDs

Eine tolle Geschenkidee: **Foto-CDs** mit Motiven von verschiedenen Filmkulissen (unter anderem „Der Landarzt", „Tatort", „Die Wicherts von nebenan", „Großstadtrevier"). Eine Foto-CD enthält 25 schöne Motive in großer Auflösung, die für verschiedene Zwecke verwenden werden können. Preis: 10,00 Euro. Es sind unterschiedliche Kulissen wie Ortsschilder, Filmklappen, Gebäude von öffentlich zugänglichen Wegen auf den Foto-CDs enthalten. Zu bestellen sind sie unter www.FoTe-Press.de/produkte.

Für Sammler ein unbedingtes Muss: eine Foto-CD mit Fotos verschiedener Einsatzwagen von Feuerwehr, Polizei, THW oder Rettungsdiensten. Wasserwerfer, Löschgruppen-

fahrzeuge, Leiterwagen, Krankentransportwagen; die unterschiedlichsten Fahrzeuge sind auf einer Foto-CD vertreten. Es gibt verschiedene Möglichkeiten: bestellen Sie eine Foto-CD mit nur einer Sorte Rettungseinheit (entweder Feuerwehr oder Polizei oder THW oder Rettungsdienst). Dann sind auf einer Foto-CD 150 Fotos von Fahrzeugen der entsprechenden Einheit drauf.

Oder Sie bestellen eine gemischte Foto-CD. Dann befinden sich auf der Foto-CD insgesamt 150 verschiedene Fotos von allen Einheiten.

Nachschlagewerk übers „Großstadtrevier"

Montag für Montag gehen die Beamten des Hamburger Kommissariats 14 auf Streife und in der ARD auf Sendung. „Großstadtrevier" ist eine Vorabendserie, die seit dem Jahre 1986 mit großem Erfolg im deutschen Fernsehen läuft. Wenig Blutvergießen, dafür humorvolle Geschichten aus dem Polizeialltag. Es ist eine ideale Ergänzung zum Buch „Das 14. Revier" und allen anderen bisherigen Produkten dieser Serie. Viele Szenen- und Arbeitsfotos vom Set, ein Suchrätsel mit Begriffen zur Serie und Hintergrundinformationen zur TV-Serie! Es ist ein 114seitiges, informatives Buch. Infos über die genauen Drehorte, Portraits der Hauptdarsteller von 1986 bis 2010, allgemeine Hintergrundinformationen über Dreharbeiten und eine große Fotostrecke mit schönen Motiven der Darsteller, prominenten Gastdarsteller und Kulissen! Erschienen im September 2010 im Verlag Books on Demand, Norderstedt. ISBN-13: 978-3-8423-3033-7. Seitenzahl: 114. Preis: 9,99 Euro.

136

Hamburg – hier lebten unsere Promis

Hamburg, die Stadt an Alster, Elbe und Bille ist einer der beliebtesten Wohnorte in ganz Deutschland. Mit seinem besonderen Charme, seinen vielen Grünflächen, seinen Gegensätzen zwischen lebendiger Innenstadt und dem ruhigen, dörflichen Rahlstedt oder Osdorf machen die Hansestadt für etwa 1,75 Millionen Menschen interessant. Als internationale Handels- und Hafenstadt steht Hamburg bis heute für Reichtum und Noblese. In der Hansestadt leben die meisten Millionäre (Einkommensmillionäre gemessen an der Einwohnerzahl in Hamburg nach einer Erhebung des Statistischen Bundesamts). Wo sich etwa 1,75 Millionen Menschen wohl fühlen, mischen sich auch viele prominente Persönlichkeiten unters Volk. Viele sorgen als TV-Moderator für gute Laune, verkünden als Sprecher Nachrichten, moderieren Radiosendungen, holen Titel in verschiedenen Sportarten nach Hamburg oder prägen als Architekten das Stadtbild Hamburgs. In einer Auswahl von 79 Kurzbiografien werden in dem Buch „Hamburg - hier lebten unsere Promis" interessante Persönlichkeiten vorgestellt, die in Hamburg und Umgebung ihre einstigen Wohn- und Wirkungsstätten hatten. Sie haben etwas für die Hansestadt Hamburg getan - direkt und indirekt - mit diesem Buch soll ihnen etwas postum zurückgegeben werden. „Hamburg – hier lebten unsere Promis", BoD, ISBN-13: 978-3-7347-4600-0, Preis: 9,99 Euro.

Drehort Schleswig-Holstein

Elf Kreise – unzählige Kulissen. Schleswig-Holstein ist Anziehungspunkt für Film- und Fernsehmacher. Jahr für Jahr entstehen etliche Sendeminuten im Land zwischen den Meeren. In seinem Buch „Drehort Schleswig-Holstein" verrät Autor Matthias Röhe Kulissen vieler Serien und Filme. In welcher Stadt ermittelt „Das Duo"? Wo ist die Praxis vom „Landarzt"? Wo jagen die Wächter von Lübeck in „Vier gegen Z" den gemeinen Zanrelot? In welcher Stadt spürt Hund Kalle den Dieben auf und in welchem Gewässer ermitteln die Wasser- schutzpolizisten der „Küstenwache"? Der Autor des Buches gibt Basisangaben der Serien und Fil-me, beschreibt die Drehorte und zeigt eine große Auswahl an Fotos. Das nördlichste Bundesland zeigt sich als idealer Medienstandort. Radio- und Fernsehsender, sowie ausgewählte Filmgesellschaften werden in dem Buch vorgestellt. Schleswig-Holstein ist mehr als nur Schauplatz, Drehort und Medienstandort. Zahlreiche Prominente aus Film und Fernsehen leben in Schleswig-Holstein. Sie haben Schleswig-Holstein zu ihrem Dreh- und Angelpunkt gemacht. Ausgewählte schleswig-holsteinische Promis stellt Matthias Röhe vor und verrät bei einigen, in welchem Landesteil beziehungsweise welcher Stadt sie wohnen. Selbstverständlich sind keine genauen Adressen zu erfahren, aber dennoch dürfte es bei Lesern Interesse wecken zu erfahren, in welchem Gebiet Schleswig-Holsteins sie zu Hause sind. Drei Kapitel, ein Buch: Drehort Schleswig-Holstein ist in jeder Buchhandlung oder unter www.fote-press.de/produkte zu bestellen. ISBN 978-3-83702-208-7, BoD Norderstedt.

Einsätze an Hamburgs Hafenkante

„Notruf Hafenkante" ist mit bis zu 4,9 Millionen Zuschauern eine der erfolgreichsten Fernsehserien im Vorabendprogramm des Deutschen Fernsehens. Dabei handelt es sich um eine Mischung aus Polizei-, Arzt- und Familienserie. Denn im Vordergrund stehen spannende und zugleich lustige Geschichten aus dem Alltag der Hamburger Polizisten des Kommissariats 21 in der Speicherstadt, sowie den Ärzten und Rettungssanitätern aus dem Elbkrankenhaus. Spannende Geschichten an Hamburgs Hafenkante eben.

Die Darsteller und ihre Rollen im Portrait, zwei Such-Rätsel mit Begriffen zur Serie, alle ausgestrahlten Folgen bis August 2015, Infos über Drehbuchautoren, Komparsen und Regisseure, und zahlreiche Fotos von den Dreharbeiten! Ein ausführlicher Komparsenbericht und zahlreiche Fotos von den Dreharbeiten runden den Inhalt ab. „Einsätze an Hamburgs Hafenkante", BoD, ISBN: 978-3-8391-3169-5, Preis: 9,99 Euro.

Erst machst du auf Liebe...

In absehbarer Zeit stellt Matthias Röhe sein Buch „Erst machst du auf Liebe, dann machst du 'ne Fliege" vor. Es geht um einen jungen Mann namens Christian, der sich ständig in die „falschen" Frauen verliebt. Ob in früherer Zeit in der Schule, in der Freizeit oder selbst auf der Arbeit. Überall begegnen dem jungen Mann nette, auf den ersten Blick sympathische Frauen. Hoffnungen breiten sich aus, denn es kommt bei den ersten

Begegnungen durchaus zu netten Gesprächen und lockeren Treffen. Aber, es zieht sich wie ein roter Faden durch sein Leben, nach einer gewissen Zeit ist alles aus. Kein Kontakt mehr. Immer wieder denkt sich Christian: „Es hätte doch wenigstens eine gute Freundschaft werden können. Warum meldet sie sich nicht mehr. Überhaupt nicht mehr?" Christian gibt alles. Er schreibt E-Mails und gelegentlich die eine oder andere SMS und ruft auch bei den jungen Frauen immer wieder an. Ansatzweise bekommt er seine Bemühungen erwidert. Aber dann auf einmal ist Schluss – wieder einmal Schluss. Aber die Frage nach dem „Warum?" lässt ihn einfach nicht in Ruhe.

Ein Liebesroman, in dem es um Christian geht, der seine Erlebnisse mit mehreren Frauen in spannender Art beschreibt. Demnächst im Buchhandel und unter www.FoTe-Press.de.

Das Team vom PK 21 und EKH

Matthias Röhe

„Notruf Hafenkante" zählt mit bis zu 4,9 Millionen Zuschauern zu den erfolgreichsten Fernsehserien im Vorabendprogramm des Deutschen Fernsehens. Im Durchschnitt schauen sich etwa 3,6 Millionen Menschen jede einzelne Folge an. Von 2007 bis 2015 wurden bereits 217 Episoden ausgestrahlt. Dabei handelt es sich um eine Mischung aus Polizei-, Arzt- und Familienserie. Im Vordergrund stehen Geschichten aus dem Alltag der Hamburger Polizisten des Kommissariats 21 in der Speicherstadt, sowie den Ärzten aus dem Elbkrankenhaus. Kurzum: „Notruf Hafenkante" ist eine Serie über den Berufsalltag Hamburger Streifenpolizisten und Notärzten, eingebettet mit netten Geschichten Hamburger Bürger.

Das Polizeikommissariat 21 liegt direkt an der Hafenkante. Dabei handelt es sich um eine Uferlinie, die an Neumühlen beginnt, den St. Pauli Landungsbrücken vorbeiführt und bis zur Speicherstadt und der neuen Hafen-City reicht. Das Buch gibt Einzelheiten über die Drehorte der Serie, beschreibt die Charaktere der Polizisten und Ärzte und stellt die Hauptdarsteller vor. Natürlich sind auch berühmte Gastdarsteller berücksichtigt: so standen schon Sky du Mont, Lotto King Karl, Katy Karrenbauer, Karl Dall, Renate Delfs oder beispielsweise Heide Keller vor der Kamera und wirkten in einzelnen Folgen mit.

Der Autor stellt die Hauptdarsteller der Serie von 2007 bis 2015 vor, macht auf Filmfehler aufmerksam, gibt Hintergrundinformationen über die genauen Drehorte und listet in diesem Nachschlagewerk alle bisher ausgestrahlten Folgen auf. Viele Fotos vom Set, die bei Dreharbeiten in Hamburg entstanden runden den Inhalt des Buches ab. ISBN: 978-3-7386-2492-2, BOD, Norderstedt. Preis: 9,99 Euro.

Das Ergänzungsbuch mit dem Titel „Das Team vom PK 21 und EKH II" ist ebenfalls für 9,99 Euro erhältlich. Neue Fotos, zum Teil weitere Kapitel mit zwei Such-Rätseln. ISBN: 978-3-7386-2929-3, BoD.

Matthias Röhe

Jeden Montag gehen die Beamten des 14. Polizeireviers auf Streife und in der ARD auf Sendung. „Großstadtrevier" ist eine Vorabendserie, die seit dem Jahre 1986 mit großem Erfolg im deutschen Fernsehen läuft. Fast 300 gedrehte Folgen wurden bis 2009 in 23 Staffeln produziert. Im Jahr 2005 wurde die Serie mit der „Goldenen Kamera" als beste Kultserie ausgezeichnet. Die Handlungen lassen sich kurzum erzählen: Polizeialltag auf dem Hamburger „Kiez". Im Buch „Das 14. Revier" erzählt der Autor über die Drehorte, beschreibt die Charaktere der Figuren und stellt die Darsteller vor. Alle bis zum Jahr 2009 ausgestrahlten Folgen im Überblick, eine Auflistung prominenter Gastdarsteller, sowie eine umfangreiche Bilderstrecke runden den Inhalt ab. Eine Besonderheit dürfte die Kategorie Filmfehler sein. So geht der Autor auf formale, inhaltliche und Kamerafehler ein. Zudem sind Interviews mit drei Hauptdarstellern in dem Buch veröffentlicht. Für Fans der Serie ein Muss! Das Buch ist eine ideale Ergänzung zu allen bisherigen veröffentlichten Büchern und Produkten dieser Serie. Viele Szenen- und Arbeitsfotos vom Set! Buch „Das 14. Revier", ISBN-13: 978-3-8391-2690-5, BoD, Preis 9,99 Euro.

Hamburg: Stadt wie im Film

Hamburg ist Anziehungspunkt für zahlreiche Film- und Fernsehmacher. Täglich entstehen etliche Sendeminuten in der Millionenmetropole an Elbe, Alster und Bille. Es gibt keinen Stadtteil, der nicht von Filmemachern als Kulisse dient. In seinem Buch „Hamburg – eine Stadt wie im Film" verrät Autor Matthias Röhe Kulissen vieler Serien und Filme. Wo beamen sich die Mädels aus „Emmas Chatroom" nach Hamburg? In welchem Stadtteil ermitteln die Pfefferkörner? Wo ist das Revier 14 aus dem Großstadtrevier? Wo jagen die Wächter aus „4 gegen Z" den gemeinen Zanrelot? Wo steht das Kriminaltechnische Institut der Gerichtsmedizinerin? Der Autor gibt Basisangaben der Serien und Filme, beschreibt die Drehorte und zeigt eine Auswahl an Fotos. Hamburg zieht nicht nur Filmemacher in die Stadt, sondern die Hansestadt an der Elbe zeigt sich als idealer Medienstandort. Ein Streifzug durch die Medienlandschaft Hamburgs mit vielen Infos und Fotos. Hamburg ist viel mehr als nur Schauplatz und Drehort. Zahlreiche Prominente aus Film und Fernsehen leben in der Hansestadt. Sie haben Hamburg zu ihrem Dreh- und Angelpunkt gemacht. Drei Themen, ein Buch: „Hamburg – eine Stadt wie im Film", käuflich zu erwerben auf der Seite www.FoTe-Press.de/produkte für den Preis in Höhe von 9,99 Euro.

Notizen: Meine Auftritte als Komparse

Datum	Tätigkeit	Produktion	Ausstrahlung

Datum	Tätigkeit	Produktion	Ausstrahlung

Datum	Tätigkeit	Produktion	Ausstrahlung

Datum	Tätigkeit	Produktion	Ausstrahlung